Ist Kaffee ein Lebensmittel?

Ja, Kaffee ist Lebensmittel, funktionelles Lebensmittel und Mittel zum Leben.

Kaffee ist Lebensmittel: Lebensmittel sind Stoffe und Produkte, die vom Menschen zum Zwecke der Ernährung und/oder des Genusses aufgenommen werden. Kaffee ist also Lebensmittel und hat – in Maßen genossen – keine negativen Auswirkungen auf den Organismus, ganz im Gegenteil, er hat viele, auch gesundheitlich, positive Effekte, wie Sie auch den nachfolgenden Seiten ausführlich entnehmen können.

Kaffee ist funktionelles Lebensmittel: Bei funktionellen Lebensmitteln handelt es sich um Lebensmittel, die über die Sättigung und/oder über den Genuss hinaus einen Zusatznutzen aufweisen, der das Wohlbefinden steigert oder dem Erhalt der Gesundheit dient. Da Kaffee nachweislich nicht süchtig macht, trinken Millionen Menschen Kaffee nicht nur, weil er ihnen schmeckt, sondern auch, weil sie sich besser fühlen, oder z.B. den Tag besser beginnen können. Wenn das Wohlbefinden also durch Kaffee – subjektiv – verbessert wird, dann ist es gemäß der Definition auch – objektiv – funktionell.

Kaffee ist Mittel zum Leben: Welche Bedeutung hat Kaffee? Kaffee ist weltweit das zweit meist gehandelte Produkt nach Erdöl. Mehr als 25 Millionen Kaffeebauern leben von der Kaffee-Ernte bzw. deren Verkauf, davon sind 80 % Kleinbauern. Mit ihren Familien leben ca. 100 Millionen Menschen direkt vom Kaffee! Nicht berücksichtigt sind hier die Mitarbeiter der verarbeitenden und ausschenkenden Betriebe in den Konsumnationen.

Zur Verdeutlichung noch eine Zahl: während Sie diese Zeilen hier gelesen haben – ca. 1 Minute – wurden weltweit 2 Millionen Tassen Kaffee getrunken ...

Martin Kienreich und
Dr. Steffen Schwarz

Inhalt

1. Kaffee: Pflanze, Anbau und Botanik	Seite 9
2. Rösten	Seite 29
3. Brühmethoden	Seite 47
4. Kaffee: Allgemein	
a. Zucker	Seite 61
b. Reinigen und Entkalken	Seite 77
c. Wasser	Seite 87
d. Pad- und Kapselsysteme	Seite 97
e. Milch	Seite 103
f. Tassen und Gläser	Seite 117
g. Mahlen und Mühlen	Seite 125
h. Fair Trade und Labels	Seite 135
i. Kaffeepersönlichkeiten	Seite 149
j. Kaffee im World Wide Web	Seite 159
5. Kaffee und Gesundheit	Seite 167
6. Gute Freunde:	
a. Kaffee und Alkohol	Seite 181
b. Kaffee und Schokolade	Seite 193
7. Irrtümer, Mythen und Halbwarheiten	Seite 207
8. Kaffeegetränke und Begriffserklärungen	Seite 217
9. Glossar	Seite 233
Fotohinweise	Seite 250

„Drei Dinge gehören zu einem guten Kaffee, erstens Kaffee, zweitens Kaffee, und drittens nochmals Kaffee."

Alexandre Dumas

1. Kommt der Kaffee ursprünglich aus Kaffa?

Nein, der erste Kaffee stammt zwar aus Äthiopien (Kaffa ist eine Äthiopische Provinz), aber aus Abbesinien. Der Kaffee kam nur „wild" vor und hieß bzw. heißt auch heute noch „bun" oder „buna". Die erste Kultivierung, sprich Kaffeeplantage, gab es im heutigen Yemen.

Trotzdem gilt die äthiopische Provinz Kaffa in der Überlieferung fälschlicherweise als Namensgeber für den Kaffee. Der Name Kaffee kommt jedoch vom arabischen Wort „Kachve" und bedeutet „Kraft gebend". Davon leitet sich auch das türkische Wort „Kaveh" ab. In Äthiopien nennt man Kaffee „Bun". Dieser wird gesammelt, auf der Holzkohlenglut geröstet, zerstampft und aufgegossen. Der erste und aromatischste Aufguss wird „Abol Buna" genannt. „Buna" gibt es auch in unserer Zeit noch als „wilden" Kaffee, zum Beispiel aus dem Kontir-Naturwald im Südwesten Äthiopiens.

2. Wildkaffee: gibt es noch Kaffee in seiner ursprünglichen Form?

Ja, dieser ursprüngliche Kaffee kommt aber nicht nur im äthiopischen Regenwald vor, sondern ist zum Beispiel auch im Kongo oder in den Wäldern Madagaskars verbreitet.

Im deutschsprachigen Raum wird dieser Wildkaffee vielfach mit „sozialem Background" verkauft (Projekte, die die Bauern vor Ort und die Erhaltung des Regenwaldes unterstützen). Aber Vorsicht: auch hier ist nicht alles Gold, was glänzt! Es gibt auch unterschiedliche Klassifikationen des Wildkaffees wie z.B. „garden" oder „forest".

3. Sind wirklich nur zwei Kaffeearten für den Weltmarkt von Bedeutung?

Grundsätzlich ja, Arabica (Coffea Arabica) und Robusta (Coffea Canephora). Es gibt grundsätzlich jedoch ca. 100 verschiedene Coffea-Arten.

Die Arabica-Bohne

Roh

Geröstet

Die Robusta-Bohne

Roh Geröstet

Die meisten Spezies (Arten) der Gattung „Coffea" (Kaffeepflanze) finden sich im tropischen Afrika oder auf Madagaskar. Insgesamt sind es mehr als 100 Coffea-Arten. Davon aber sind aktuell mehr als 70 % vom Aussterben bedroht. Warum diese Coffea-Arten keine kommerzielle Bedeutung für den Weltmarkt haben, hat nur in manchen Fällen einen qualitativen, meist aber einen wirtschaftlichen Hintergrund, weil die Pflanzen zu langsam wachsen oder zu geringe Erträge abwerfen.

4. Die 10 bekanntesten Kaffeepflanzen:

- **Coffea Arabica:** auch Arabica oder Hochlandkaffee genannt, ca. 2/3 Weltmarktanteil.
- **Coffea Canephora:** Robusta Kaffee, ca. 1/3 Weltmarktanteil.
- **Coffea Liberica:** und Varietät (var.) Dewevrei; Liberia Kaffee. Unter 1 % Weltmarktanteil.
- **Coffea Excelsa:** oder Excelsa-Kaffee, auch Schari-Kaffee. Unter 1 % Weltmarktanteil.
- **Coffea Mokka**
- **Coffea Congensis:** Kongokaffee
- **Coffea Stenophylla:** eine besonders kleinblättrige Pflanze aus Westafrika
- **Coffea Abeokutae**
- **Coffea Arnoldiana:** Kongo

Hybride zwischen Arabica und Robusta:

- **Coffea Timor:** ein natürlicher Hybrid, mit zwei Sätzen an Arabica Chromosomen

Darüber hinaus gibt es noch koffeinarme oder -freie, natürliche Spezies:

- **Coffea Kianjavatensis** ● **Coffea Mauritiana** ● **Coffea Lancifolia**

Diese Pflanzen, in Madagaskar natürlich vorkommende Varietäten, werden unter Mascarocoffea zusammengefasst, im Gegensatz zu Arabica und Robusta, die unter Eucoffea aufgelistet werden. Eine Kreuzung dieser beiden Gattungen war bisher erfolglos.

5. Wieviele Subarten der Coffea Gattung gibt es?

*Es gibt vier Subarten der Gattung: **Eucoffea**, der wiederum alle kommerziell bedeutenden Pflanzen untergeordnet sind, **Mascarocoffea**, **Paracoffea** und **Agrocoffea**. Die Eucoffea Gattung teilt sich, wiederum in fünf große Untergruppen.*

6. Gibt es auch Kreuzungen zwischen Arabica und Robusta?

Ja, in der Natur kommt der Strauch als Coffea Timor vor. Als Kreuzungen kennt man Icatu (Rückkreuzung von Timor und Mundo Novo), Catimor (Caturra und Timor) und Arabusta. Der Icatu kann sehr gute Qualitäten hervorbringen, alle anderen Kreuzungen waren qualitativ jedoch kein Fortschritt.

7. Gibt es auch neue Kreuzungsvarianten?

Ja, wie zum Beispiel die „F1 Hybriden" in Kenia und Äthiopien, der „IF Klon" in der Elfenbeinküste oder die Varietät „Apoata" in Brasilien. Die „CxR Pflanze" in Indien – eine Kreuzung aus Coffea Congensis und Coffea Canephora, zählt zu den vielversprechendsten Neuarten.

8. Anbaubedingungen für Arabica und Robusta

	Arabica	Robusta
Gattung	Coffea Arabica	Coffea Canephora
Ursprungsland	Äthiopien	Uganda
Klimazone	Subtropen: sommerwarm Tropen: Hochland, wechselfeucht	Tropen: wechselfeucht, immerfeucht
Höhenlage	800–2.200 m	bis ca. 800 m
Ideale Temperatur	16–24 °C	22–30 °C
Gene	44 Chromosome	22 Chromosome
Bohnenlänge	8–12 mm	5–8 mm
Idealer Niederschlag	1.000–1.200 mm	1.800–2.200 mm
Bohnenform	oval, flach, länglich mit S-Schnitt	rundlich mit geradem Schnitt

9. Welche sind die bekanntesten Varietäten der Arabica Pflanze?

Generell unterteilt man in Coffea Arabica var. Typica und Coffea Arabica var. Bourbon (entdeckt auf der Insel Bourbon/Reunion). Es gibt mehr als 600 verschiedene Varietäten.

Maragogype wird unter anderem auch Riesen- oder Elefantenbohne genannt und ist die wohl bekannteste Typica Varietät. Maragogype kommt in verschiedenen Ländern vor, besonders aber in Mexiko und Guatemala. Zu den Bourbonpflanzen zählen: Mundo Novo (Typica + Bourbon), Caturra, Catuai oder Catucai (Mundo Novo + Caturra), Pacas (Bourbon + Caturra) und Pacamara (Maragogype + Pacas).

10. Die verschiedenen Größen der Arabica Bohne

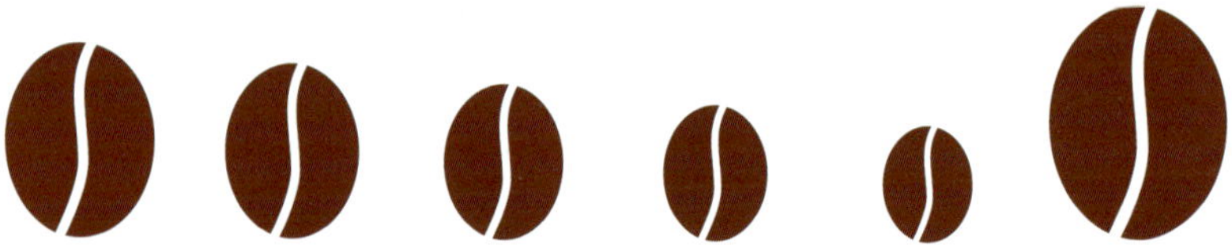

E = Elefantenbohne/Maragogype

11. Ist Perlkaffee auch eine Pflanzenvarietät?

Nein, es ist mehr oder weniger eine Laune der Natur. Hier ist nur eine kleine, runde Bohne in der Kirsche (statt der normalen flachen, länglichen Doppelbohne).

Eine Laune deshalb, weil bei der Blüte von zwei vorgesehenen Anlagen zur Befruchtung nur eine tatsächlich zur Befruchtung kommt. Die Perlbohne wird auch Peaberry oder „caracoli" (Schnecke) genannt, kommt in jeder Kaffeevarietät vor und macht manchmal bis zu 10 % der Ernte aus. In Brasilien wird die Perlbohne „mocca" genannt.

12. Sind Perlbohnen die besseren Bohnen?

Nein, sie sind nur seltener und werden noch seltener aussortiert.

13. Welche Launen der Natur gibt es sonst noch?

Viele, denn es kommen 1 bis 17-sämige Bohnen vor (Coffea Arabica var. Polysperma). Es wird vermutet, dass der Niederschlag während der Blüte die Pollen aus der Luft schwemmt und dadurch nicht genügend Material zur Befruchtung der Anlagen vorhanden ist.

14. Was ist eine „Concha"?

Concha heißt „Ohr", sie besteht aus einer 1/3- und einer 2/3-Bohne. Die ganze 2/3-Bohne („Madre" genannt) besteht aus einem ohrenförmigen Teil („Concha") und einem unbenannten Stück.

15. Was sind Filippi Bohnen?

Filippi Bohnen bestehen aus zwei ganzen Bohnenpaaren in einer Kirsche, also aus vier, statt aus zwei einzelnen Bohnen. Sozusagen ein „Siamesischer Zwilling" des Kaffees.

16. „Canephora" oder Robusta Kaffees: welche Varietäten gibt es?

Robusta, der vor allem in Afrika (Uganda), Indonesien und seit der „Amerikanisierung mit Hilfe der Weltbank" in minderer bis katastrophaler Qualität auch in Vietnam angebaut wird, kommt ebenfalls in mehreren Varietäten vor.

In Brasilien heißt die angebaute Robusta Varietät Conillon, Laurentii oder Bukoba werden sie in Uganda genannt, Quillou oder Niaouli Kaffee in Madagaskar. Robusta wächst schneller und in tieferen Gegenden als der Arabica. Die Pflanze ist hitzebeständiger und resistenter gegenüber der Kaffeekrankheit „Kaffeerost" (Hemileia Vastatrix). Der Kaffee ist meist billiger und wird daher oft als „Füllprodukt" verwendet. Robusta hat mehr Koffein als Arabica und verfügt in guter Qualität über einen hervorragenden Körper, Würze, aber weniger Säure. Die Bohnen sind kleiner, als die der Arabica, eher rundlich und haben einen geradlinigen Schnitt. Es gibt hervorragende Robustas und niederqualitativste Arabicas. Ein automatischer Qualitätsrückschluss für Kaffee in Bezug auf die Varietät ist demnach unsinnig und schlicht unzulässig.

17. Die begehrtesten Bohnen der Welt – „Luxuskaffees"

- **Blue Mountain:** aus Jamaika
- **Fogo:** von den Abhängen des Vulkan Fogo auf den Kapverdischen Inseln
- **Kopi Luwak:** der Kaffee wandelt durch den Darm von Schleichkatzen aus Indonesien
- **Hawaii Maoui, Kona, Kauai oder Molokai:** von den Vulkanböden Hawaiis
- **Madagaskar Kaffee:** als Wildkaffee fast gar nicht erhältlich
- **Jacu:** der Vogelkaffee aus Brasilien
- **Himalaja Kaffee:** von den Abhängen des höchsten Gebirges der Welt
- **Yemen Mattari:** der Kaffee von dem Ort, an dem jede Kultivierung begann
- **St. Helena:** durch Napoleon indirekt bekannt gemacht
- **Australia Queensland Skybury:** the very best of „down under"
- **Wurmstichige „Worm Bitten Menados" aus Indonesien:** der Kaffee wird eingegraben, wurmbefallen und wieder ausgegraben
- **Fledermauskaffee:** die sogenannte „Bat Crop" aus der Karibik
- **Bonifieur:** aus Guadeloupe (der Urkaffee aus dem Fass)
- **Monsunkaffee:** aus Indien (Malabarküste)

18. Was steckt hinter dem Kult um Kopi Luwak, dem Kaffee der Schleichkatze?

Kopi Luwak, der Kaffee, der durch den Verdauungstrakt der indonesischen Zibetkatze („Fleckenmusang") wandert, gilt als der teuerste Kaffee der Welt. Bei dem wieder ausgeschiedenen Kaffee scheiden sich die Geister, wobei es dazu drei Theorien gibt:

a.) Es handelt sich dabei um einen Marketinggag von findigen Geschäftemachern. Dafür spricht der Preis von mehr als € 1.000,- pro Kilogramm und die Massen an Kaffee, die angeboten werden, in der Relation zu den verhältnismäßig wenigen Tiere, die es gibt. Man könnte fast annehmen, dass die Schleichkatzen an einer unheilbaren Fresssucht gepaart mit einem gröberen Verdauungsproblem leiden müssen. Es ist bereits erwiesen, dass in vielen Kopi Luwak Kaffees eine Vielzahl von ganz „normalen Bohnen" vorkommen.

b.) Der Kopi Luwak Kaffee ist gar nicht anders als jeder andere Kaffee, es sind einfach nur die perfekten Bohnen. Durch den feinen Geruchssinn der wieselähnlichen Tieren ist es möglich, dass diese nur die perfekt reifen Kirschen, jeweils zum absolut richtigen Zeitpunkt „ernten", also fressen. Eine Ernte, die dem Menschen oder einer Maschine nicht möglich ist. Für diese Theorie sprechen auch die Kaffees von Jacu (Vogelkaffee) von „Bat Crop", (Fledermauskaffee), von Zibetkaffee aus Äthiopien und von dem Affenkaffee aus Indien.

c.) Ein amerikanischer Professor will herausgefunden haben, dass die Speicherproteine der Kaffeebohnen durch Verdauungsenzyme der Katzen zum Teil ganz abgebaut oder in kleinere Moleküle gespalten werden. Auch Eiweiße können Kaffee bitter machen. Aufgrund seines geringeren Eiweißgehaltes schmeckt Kopi Luwak milder und weniger bitter. Deshalb wird der Kopi Luwak auch so geschätzt. Das Aromaprofil bietet darüber hinaus die Möglichkeit, den Kaffee eindeutig als verdauten Katzenkaffee zu identifizieren. Der Vorgang im Verdauungssystem der Tiere ist mit einer nassen Fermentierung der Kirschen gleichzusetzen, inklusive der dabei wirksamen Milchsäurebakterien, und könnte so gesehen auch auf anderem Wege erreicht werden (Vergleiche „fully washed coffees").

Darüber hinaus sprechen einige „Fakes" gegen den Konsum des Katzenkaffees und geben Zeugnis einer übermäßigen Geschäftemacherei:

- der **„Stopfluwak"** erinnert an das System der Gänselebererzeugung (Stopfleber)
- der **„Pseudo Luwak"** wandert durch den Schweinemagen
- der Elefantenluwak (**„Elephant poop")** erhofft sich durch die Größe des tierischen Verdauungstraktes auch eine größere Menge an „verdautem Kaffee" und ist ebenso ein sinnloser Marketinggag.

19. Gibt es koffeinfreie Kaffeepflanzen?

Ja, z.B. in Madagaskar kommen einige Arten der Mascarocoffea mit wenig oder gar keinem Koffein vor.

Darüber hinaus wurden vor nicht allzu langer Zeit in Brasilien und Äthiopien neue Kreuzungen erfolgreich umgesetzt, die in einigen Jahren koffeinfreie Züchtungen „serienmäßig" erwarten lassen. Das Koffein ist in den rohen Kaffeebohnen von 0,8 % bis über 2,5 % enthalten. Es findet sich aber auch in den Blättern und anderen Teilen der Pflanze wieder. Entkoffeinierter Kaffee besitzt ebenfalls noch 0,1 % Koffein.

20. Bestandteile des Rohkaffees: Arabica und Robusta

● Kohlenhydrate	30–40 %
● Fettstoffe	10–13 %
● Wasser	9–13 %
● Eiweißstoffe	10–11 %
● Säuren	5–7 %
● Mineralstoffe	4 %
● Alkaloide (Koffein)	0,8–2,5 %
● Aromastoffe	0,1 %
● Stickstoff- und nicht-stickstoffhaltige Substanzen	ca. 20–30 %

21. Regionen: Haben die Namen von Kaffees etwas mit den Pflanzenvarietäten oder mit der Qualität zu tun?

Nein, die heutigen Kaffeebezeichnungen sind inkorrekt oder schlicht unvollständig. Würde man die Bezeichnungen auf Wein übertragen hießen diese z.B. „Weißwein Süddeutschland" oder „Rotwein Mittelburgenland" – Bezeichnungen ohne Aussagekraft, die für den Verkauf eher hinderlich sind. Oft werden die Namen von Provinzen, Regionen oder Häfen aus marketingtechnischer Sicht verwendet, aber bekannt heißt noch lange nicht qualitativ wertvoll!

Die Zukunft liegt sicher darin, dass die Kaffeebezeichnungen neben dem Land die Region, Farm, Kaffeeart und -varietät, sowie die Aufbereitung enthalten werden. Es wird also sicher kein Problem sein, einen Plantagen- oder Estatekaffee mit genauer Arten- oder Varietätenbezeichnung in einem Fachgeschäft kaufen zu können (z.B. einen Brazil, Fazenda Dutras, Catucai Vermelho, pulped natural). Oft verstecken sich heute noch die besten Bohnen hinter nichts sagenden Namen. Solche Bohnen sind z.B. so genannte „Floaters", Rohdiamanten an Kaffee, die als Late Harvest (Spätlesen) bei Kaffeekennern größtes Ansehen genießen.

22. Die bekanntesten Regionen, unter deren Namen sehr guter Kaffee verkauft wird:

- **Hawaii:** Kona und Maoui
- **Äthiopien:** Yirgacheffe, Sidamo, Harrar, Limmu, Bukoba
- **Guatemala:** Antigua und Huehuetenango, Fraijanes
- **Indonesien:** Sulawesi Kalossi, Java, Sumatra Mandheling
- **Brasilien:** Minas Gerais
- **Puerto Rico:** Yauco Selecto
- **Uganda:** Bugisu
- **Indien:** Monsooned Malabar, Mysore Nuggets, Nilgri
- **Yemen:** Ismaili, Mattari und Harazi
- **Costa Rica:** Tres Rios (aussterbend); Tarrazu (Ausverkauf durch Probleme mit der Bezeichnung: der Name kann auch verwendet werden, wenn der Kaffee von woanders kommt, aber dort aufbereitet wurde, ähnlich dem Problem des Asti Spumante beim Wein in den 80er Jahren, als aus ganz Italien die Trauben ins Piemont zur „Asti-Spumante-Verarbeitung" geliefert wurden)
- **Kolumbien:** Caldas, Medellin

Darüber hinaus gibt es weltweit bekannte Bezeichnungen, die aber keinen Rückschluss auf die Qualität zulassen. Dazu zählen zum Beispiel:

- **Brasil Santos:** Santos ist ein Hafen und keine Region. Der Kaffee aus „halb Brasilien" wird dorthin gebracht, in jeder nur erdenklichen Qualität

- **„Jimma5":** Ähnlich wie bei Santos, nur in Äthiopien. Auch hier werden neben schlechten Qualitäten Topbohnen wie z.B. der Wildkaffee abgeliefert

23. Wie viele Kaffeebauern gibt es?

Es gibt weltweit ca. 25 Millionen Kaffeebauern, verteilt auf rund 90 Anbauländer. Mit ihren Familien leben also ca. 110–120 Millionen Menschen direkt von Kaffee. 80 % der Kaffeebauern sind Kleinbauern.

24. Wie hat sich die Kaffeekrise auf die Bauern ausgewirkt?

Durch den Preisverfall und die nicht vorhandene Regelung der Börsen und Preise haben die Bauern von 2001 bis 2004 weltweit mehr als 24 Mrd. US$ verloren.

25. Die 10 größten Kaffeeproduzenten

Brasilien	2.165.000 t
Vietnam	1.080.000 t
Indonesien	762.000 t
Kolumbien	744.000 t
Äthiopien	344.000 t
Mexiko	270.000 t
Indien	262.000 t
Guatemala	240.000 t
Honduras	230.000 t
Peru	177.000 t

Jahresproduktion 2007
in Tonnen; Quelle: ICO

26. Befruchtung: Wie wird Kaffee bestäubt?

Arabica Kaffee ist selbstfertil. Bei allen anderen Varietäten findet eine Kreuzbefruchtung statt.

27. Reife: Wie lange dauert die Entwicklung der Frucht?

Die Kaffeekirschen sind meist zunächst grün, dann gelb und schließlich rot. Der Reifungsprozess dauert jedoch je nach Pflanze zwischen 6 und 12 Monaten und hängt von Varietät (Robusta oder Arabica), Höhenlage, (Mikro-) Klima, Bodenbeschaffenheit, Temperatur (Äquatornähe) und Düngung ab.

Die Kaffeekirsche reift an jeder Stelle des Baumes nur einmal und auch nur an so genannten Tertiär-Ästen (verholzte sekundäre Zweige). Die einzelnen Varietäten unterscheiden sich auch durch unterschiedliche Blütenblätter.

28. Sind reife Kaffeekirschen rot?

Nein, denn neben roten Kirschen gibt es auch: reife gelbe, orange, schwarze, aubergin-farbene, sowie schwarz-gelb gestreifte Kirschen.

29. Der Kaffeestrauch kann mitunter zur gleichen Zeit Blüten, unreife Früchte und reife Kirschen tragen. Ist das ein Vorteil?

Nein, absolut nicht, es ist kein Vorteil für die Ernte, und auch nichts Außergewöhnliches (es kommt z.B. auch bei Zitronen oder Kapern vor). Relevant ist es nur in Ländern mit zwei Erntenperioden, wie z.B. in Uganda.

30. Was sind Soldatjes?

Soldatjes ist eine andere Bezeichnung für die Keimlinge.

31. Höhe der Sträucher: Wie hoch werden Kaffeebäume?

Der Robusta Baum ist mit 3–6 m kleiner als der Arabica Baum (6–8 m – Ausnahme: einige Yirgacheffe Sträucher werden bis zu 10 m hoch).

Die Coffea Pflanze gehört zur Familie der Rötegewächse (Rubiaceae). Zu diesen gehört z.B. auch der Waldmeister. Coffea Gewächse sind Gehölze, also Sträucher, die bei den Arten Liberica bis über 25 m und bei Coffea Excelsa knapp 20 m hoch werden können.

32. Erträge: Wann beginnt der Strauch zu tragen?

Frühestens nach 3–5 Jahren. Die Erträge steigern sich vom 5. bis zum 20. Jahr. Dann sinken sie wieder. Die Sträucher werden durchschnittlich 30 bis 50 Jahre alt, können aber auch das stolze Alter von 100 Jahren und mehr erreichen.

Bei älteren Sträuchern verändert sich die Farbe des Rohkaffees ins bläulich-graue, die Erträge nehmen ab. Dieser Kaffee wird in Äthiopien auch als „Amber" bezeichnet.

33. Erträge: Wie hoch ist der Ertrag?

Der Ertrag der Sträucher schwankt je nach Region von 100 kg bis 2.400 kg pro Hektar. Der weltweite Durchschnitt liegt bei ca. 550 kg/ha.

Wieviele Kirschen von einem Baum geerntet werden können, hängt von vielen Faktoren ab. Auch die Anzahl der Bäume pro Hektar schwankt stark und reicht von 1.000 bis über 2.000 Kaffeesträucher. Dies ist aber natürlich sehr von der Kultivierungsart abhängig (ob Monokultur oder „Shade grown"), von der Schnitttechnik und den Varietäten. Wichtig ist das sogenannte Rendement, das Verhältnis vom Kirsch- zum Marktkaffeegewicht. Grundsätzlich gilt: aus 100 kg Früchten entstehen 20 kg Rohkaffee. Und daraus erhält man wiederum 16 kg gerösteten Kaffee.

34. Rendement: Wie viele Kilogramm Kirschen benötigt man für 1 kg Rohkaffee?

Die Verhältniszahlen für das Rendement lauten bei **Arabica 4–7, Robusta 2,5–4, Liberica 8–12,5** (diese Zahlen sind auch der Grund, warum der hochwertige Liberica so selten angepflanzt wird).

35. Ist das Geld für Kaffee gerecht verteilt?

Auf keinen Fall! Die Bauern werden ausgebeutet, mit und ohne „Fair Trade".

Für 1 kg Rohkaffee wird den Farmern 80 Cent oder noch weniger bezahlt. Für 10 Sack Rohkaffee (à 60 kg) muss ein Bauer im Durchschnitt ca. 1 ha bepflanzen. Dies ergibt € 480,– pro ha und Jahr. Die meisten Kaffeebauern sind Kleinbauern (80 %) und besitzen durchschnittlich ca. 2,5 ha Anbaufläche. Das ergibt einen Ertrag von ca. € 1.200,– für die ganze Kaffee-Jahres-Ernte (ca. 1.500 kg). Die gleiche Ernte (an Topkaffee) ist im Gegenzug mehr als € 20.000,– für den Röster wert, und mehr als ca. € 300.000,– Umsatz für die Gastronomie!

36. Was bedeutet Stripping? bzw. Picking?

Beides sind Erntemethoden, die das händische Pflücken (im Gegensatz zur maschinellen Ernte) beschreiben.

Beim Picking werden einfach die vollreifen Kirschen vom Zweig einzeln herausgepflückt, die unreifen grünen oder gelben bleiben am Strauch. Beim Stripping werden alle Kirschen vom Zweig abgestreift. Qualitativ ist daher das Picking die bessere, aber dementsprechend aufwändigere und teurere Methode. Beim Stripping wiederum können durch ein späteres Sortieren die reifen von den weniger reifen Kirschen herausgefiltert werden. Die – für die Pflanzen wenig vorteilhafte – maschinelle Ernte kann nur überall dort erfolgen, wo der Anbau im flachen Gelände stattfindet (Brasilien, Vietnam, ...).

37. Gibt es auch Spätlesen?

Ja, ähnlich wie beim Wein gibt es durchaus spät geerntete Kirschen, sogenannte „Late Harvest", die in der Farbe oft schon schwarz sind.

Die Ernteform kommt aufgrund der benötigten geringen Luftfeuchtigkeit fast nur in Brasilien vor. Man unterscheidet zwischen trockener Spätlese und Edelschimmel.

38. Arabica oder Robusta: Welche Bohne ist besser?

Generell ist Geschmack nie objektiv! So ist es auch beim Kaffee. Zweifelsohne gilt die Arabica Bohne als die hochwertigere, aber Geschmäcker sind bekanntlich verschieden. Es gibt sowohl schlechte Arabicas und sehr gute Robustas, sowie auch gute und schlechte „Espresso Blends". Fazit: auf die richtige Mischung kommt es an!

39. Haben die Bezeichnungen auf den Verpackungen Aussagekraft über die Qualität des Inhalts?

Nein, weder die (selbstgewählten) Angaben der Hersteller oder Vertreiber der Kaffees, noch der „Labelsalat" auf der Verpackung können Ihnen Sicherheit darüber geben, dass das drinnen ist, was draußen auf der Packung steht, und schon gar nicht, ob Ihnen der Kaffee auch schmeckt.

Die Aussage Arabica auf unseren Kaffeeverpackungen ist ohnehin relativ und weitreichend: erstens gibt es keine Kontrolle dieser Angabe auf bzw. in der Verpackung (100 % Arabica), zweitens werden diese oft umgangen oder auch bewusst falsch eingesetzt. Aussagen am Etikett wie: „100 % Hochlandkaffee", „Hochwertige Arabica Bohnen", „Mischung aus hochwertigem Arabicakaffee" oder „vorwiegend Arabicakaffee" lassen einfach zuviel offen.

40. Sind die Krankheiten und Schädlingsplagen der Vergangenheit überwunden?

Nein, ganz im Gegenteil, vor allem durch neue Züchtungen und Kreuzungen sind schon fast vergessene Probleme wieder reaktiviert worden.

41. Was sind Single Origins Coffees?

Das sind Kaffees, die aus einem bestimmten Land oder Gebiet – herkunfts- und sortenrein – kommen, wie zum Beispiel der Jamaica Blue Mountain.

42. Was ist unter Estate Coffee/Kaffee zu verstehen?

Estate Kaffees kommen aus einer einzigen Plantage, und werden oft auch als Lagenkaffees bezeichnet. Um in der Sprache der Weinwelt zu reden: Estate Kaffees sind die benannten Weinberge des Kaffees.

Estate Coffee, selten auch „Terroir Kaffee", ist eine Modeerscheinung und spielt mit dem Marketing-Bonmot der „Einzigartigkeit". Generell nicht schlecht, in Zeiten der Vereinheitlichung des Geschmacks. Doch die Bezeichnung will noch mehr sagen: es geht nicht nur um die Sorte, sondern auch um Bodenbeschaffenheit, Natur, Aufbereitung, Handwerk und mehr. Doch genau das müsste auch vom Markt akzeptiert werden: Kaffee ist ein Naturprodukt und verändert sich Jahr für Jahr, so wie sich das Klima verändert. Daher wird sich mit größter Wahrscheinlichkeit auch der Geschmack der Bohnen verändern, alles andere wäre schon wieder verdächtig. Aber Achtung: „Estate" sagt über die Qualität eines Kaffees nichts aus: eine schlechte Lage bleibt eben eine schlechte Lage.

43. Gibt die Art der Kaffeeaufbereitung Aufschluss über die Qualität der Bohnen?

Nein, die Kaffeeaufbereitung gibt, trotz unterschiedlicher Prozesse, noch keinen Rückschluss auf die Qualität. Die trockene Aufbereitung ist billiger und wird meist für billigere Kaffeebohnen verwendet. Aus ökosozialer Verantwortung (Wasserverbrauch) ist die nasse Aufbereitung zu hinterfragen. Hier würde es Sinn machen, nach Alternativen zu suchen, bzw. wassersparende Prozesse zu integrieren.

Nach der Ernte muss der Kaffee aufbereitet werden.
Hierfür gibt es zwei grundsätzliche Aufbereitungsarten:
a.) Trocken (natural): die Kirschen werden in der Sonne auf Stein- oder Betonböden getrocknet und laufend gewendet, um eine Fermentation, Gärung oder Pilzbefall zu verhindern. Nach ca. vier Wochen ist die Schale dunkelbraun und brüchig. Mittels Maschinen, die Druck und Reibung ausüben, werden die Kaffeebohnen von den Kirschen herausgelöst. Es entsteht ungewaschener Kaffee („unwashed" oder „natural"). Merkmale: mehr Süße, weniger Säure, leicht erdiger Geschmack.

b.) Nass: Das Fruchtfleisch (Pulpe) wird innerhalb der ersten zwölf Stunden nach der Ernte durch sogenannte Pulper entfernt. Die Schalen und das Fruchtfleisch werden mit Wasser fortgespült. Hierbei erfolgt auch eine Sortierung, da schwere, reife Bohnen schneller zu Boden sinken („Sinker") als kleine leichte („Floater"), die fortgespült werden.

In weiterer Folge unterscheidet man drei mögliche weitere Verfahren:
1.) Pulped natural: die Bohnen werden mit den Fruchtfleischresten getrocknet. Es entsteht ein Kaffee mit wenig Säure.

2.) Semi-washed: die Fruchtfleischreste werden mechanisch entfernt. Wenig Säure, feine Fruchttöne.

3.) Fully-washed: hier erfolgt eine Lagerung der Bohnen in Gärtanks, wo die klebrige Restschicht um die Bohnen durch Fermentation oder Gärung durch Enzyme gelöst wird (Milchsäurebakterien dringen ein und machen den Kaffee fruchtig und weniger bitter). Nach der Trocknung werden die Bohnen als Pergamentkaffee bezeichnet, dabei sind die Kaffees länger haltbar (Arabica 1 Jahr, Robusta länger). Der nass aufbereitete Kaffee besitzt generell mehr fruchtige feine Säuren aufgrund der Fermentation.

44. Welche Kaffeesackgrößen gibt es?

Die Standardmaße sind die portugiesisch-brasilianischen 60 kg Säcke.

Die spanische Maßeinheit sind 69 kg (150 spanische Pfunde). Fässer gibt es in 5, 10, 30 und 70 kg Varianten (Blue Mountain, ursprünglich aus Guadeloupe) und die großen „Saccone" bestehen aus zehn bis zwanzig 60 kg Säcken.

45. Was sind „Coffie Mamas"?

Das sind sogenannte Interpflanzen, sprich Schattenspender, die zwischen die Kaffeesträucher gepflanzt werden (Shade grown coffees).

frisch geröstet - ein Hochgenuß

Ein echter Espresso widerlegt das Vorurteil,
Genuss hätte etwas mit Länge zu tun.

Reklamespruch

1. Was ist Kaffeerösten?

Rösten ist das trockene Erhitzen (ohne Wasser) des Rohkaffees.

Durch die Röstung erfährt der Kaffee die charakteristischen chemischen und physikalischen Veränderungen, die ihn zu dem uns bekannten Produkt werden lassen. Schon bei 60 °C beginnen die ersten thermischen Zersetzungsprozesse (Pyrolyse) und somit der Röstvorgang, der bei ca. 200°–250 °C endet, je nach Röstverfahren, Röstung und gewünschtem Röstgrad. Beim Röstvorgang werden bis zu 1.000 bekannte Aromen freigesetzt.

2. Was passiert beim Rösten?

Beim Rösten dehnen sich die Zellwände der Bohne aus. Das Volumen nimmt zu (50–100 %) und Feuchtigkeit geht verloren (10–20 % Gewichtsabnahme).

Die verschiedenen Inhaltsstoffe des Rohkaffees (wie Kohlenhydrate, Proteine, Fettstoffe, Alkaloide und Säuren) reagieren beim Erhitzen miteinander. Durch die Verbindung von Kohlenhydraten und Proteinen wird die Maillard-Reaktion (nichtenzymatische Bräunungsreaktion) initiiert. Bei der Maillard-Reaktion entstehen zahlreiche Aromastoffe des Kaffees, welche im Rohkaffee noch nicht enthalten sind. Die im Rohkaffee enthaltenen Säuren werden insbesondere durch schonende Langzeitröstung zu einem großen Teil abgebaut. Andererseits entstehen durch den Umbau der Kohlenhydrate neue Säuren. Seit einiger Zeit weiß man, dass beim Rösten Antioxidantien entstehen. Wasser ist mit einem Gehalt von 10 bis 13 % im Rohkaffee enthalten. Beim Röstvorgang wird dieser Anteil auf 1 bis 2,5 % reduziert. Kohlendioxid und andere Gase entweichen. Die (Kaffee-) Öle treten aus den aufgebrochenen Zellwänden an die Oberfläche der Bohne. Das Koffein verändert sich während der Röstung nicht und geht deshalb auch nicht verloren. Physisch löst sich das äußere Kaffeehäutchen von der Bohne und fällt ab.

3. Was ist der Einbrand?

So nennt man den vorwiegend durch Wasserverlust bedingten Gewichtsverlust der Rohkaffeebohnen während des Röstprozesses.

Unter Berücksichtigung des Wassergehalts des Rohkaffees wird oft aus dem „Einbrand" der organische Röstverlust berechnet. Dieser Röstverlust gilt neben der Röstfarbe oft als Kennwert für die Intensität des Röstprozesses.

4. Was sind die Bestandteile der gerösteten Bohne?

- **Zucker**
- **Lösliche Kohlenhydrate**
- **Unlösliche Kohlenhydrate**
- **Fettstoffe/Öle**
- **Wasser**
- **Säuren**
- **Mineralstoffe**
- **Alkaloide (Koffein)**
- **Maillardprodukte**
- **Ca. 1.000 flüchtige Aromastoffe**

5. Enthält Kaffee Vitamine?

Im Röstkaffee findet sich Vitamin B_3 (Nicotinsäure). Andere Vitamine werden größtenteils durch das Rösten zerstört.

Das im Rohkaffee enthaltene Trigonellin wird beim Rösten zu etwa 50 % abgebaut. Eines der Abbauprodukte stellt die Nicotinsäure da. Eine Tasse Kaffee deckt etwa ein Zehntel des Tagesbedarfs an Vitamin B_3 ab.

6. Wie viele Röstaromen gibt es?

Es gibt ca. 1.000 Aromastoffe im – langsam – gerösteten Kaffee, aber nur ca. 25 machen den Kaffee zu dem, was er ist.

Die Aromastoffe kommen in den geringsten Konzentrationen vor, wobei jeder Aromastoff eine charakteristische Duftnote entfaltet. Einige dieser Aromastoffe sind zwar dominierend, doch kommt das eigentliche Kaffeearoma erst durch das Zusammenwirken der einzelnen Stoffe zustande. Inzwischen sind viele der einzelnen Verbindungen auch chemisch identifiziert.

7. Was ist der Maillard-Effekt und was sind die sogenannten Maillardprodukte?

Beim Rösten läuft die wenig erforschte Maillard-Reaktion (nichtenzymatische Bräunung) ab, bei der aus wenigen Ausgangsstoffen zahlreiche Produkte hervorgehen (Aromastoffe, Bitterstoffe).

Es reagieren Zucker (wie Glucose oder Fructose) mit Aminosäuren, Peptiden oder Proteinen. Viele Röstabläufe sind bis heute nicht detailliert erforscht, es ist jedoch gesichert, dass durch die Maillard-Reaktion mehrere hundert Produkte entstehen.

8. Was sind Bitterstoffe und wie entstehen sie?

Die wichtigsten Bitterstoffe sind Maillardprodukte.

Bitterstoffe entstehen beispielsweise durch thermischen Proteinabbau oder Dehydrierung von Kohlenhydraten, beide Vorgänge laufen vor und während der Maillard-Reaktion ab. Wenn Kaffee zu bitter ist, dann kann das viele Ursachen haben. In Bezug auf das Rösten besteht die Möglichkeit von „zu kurz geröstet mit vielen residuierenden Säuren" bis „zu schnell geröstet – wobei die Bitterstoffe erhalten bleiben". Auch zu hohe Temperaturen beim Röstvorgang erzeugen durch Oberflächenverbrennung eine Bitternote.

9. Ist Koffein bitter?

Nach neueren Erkenntnissen ist Koffein nur zu einem kleinen Teil für die Bitternote von Röstkaffee verantwortlich.

Bitternoten werden durch die Entstehung von Antioxidantien bei helleren Röstungen hervorgerufen. Bei dunklen Röstungen entstehen insbesondere durch die höheren Temperaturen mehr Bitterstoffe. Zusätzlich spielt die Art der Kaffeezubereitung (Brühdruck, Temperatur) eine wichtige Rolle für die Intensität der Bitternoten.

10. Ist Säure im Kaffee erwünscht?

Ja, denn feine Säuren sind für ein abgerundetes Geschmacksbild unerlässlich.

Daneben gibt es auch unerwünschte Säuren im Kaffee, die jedoch nicht alle durch die Röstung entstehen. Dabei darf eine feine Säure nicht mit sauer verwechselt werden. Zu kurz gerösteter Kaffee schmeckt ebenfalls sauer. Sauer ist eine unangenehme, negative Aromaeigenschaft. Eine feine Säure ist spritzig und erzeugt ein harmonisches Geschmacksbild des Kaffees. Hat ein Kaffee keine – feine – Säure, dann schmeckt er oft flach und schal.

11. Besteht ein Zusammenhang zwischen Röstung und Säure?

Ja, durch längeres und schonendes Rösten werden die im Rohkaffee enthaltenen Säuren besser abgebaut. Im Gegenzug entstehen beim Rösten auch neue Säuren.

Daneben spielt die Kaffeesorte eine wichtige Rolle, so können z.B. Hochlandkaffees aus Afrika mehr Säure enthalten als indischer Robusta. Die Kunst des Röstens liegt darin, ein ausgewogenes Verhältnis zwischen Säure und Körper, Bitterkeit und Süße, und zwischen „Mundgefühl" und Intensität der Aromen im Kaffee zu erzeugen. Je länger der Kaffee geröstet wird, desto mehr unverträgliche Gerbsäuren, die im Rohkaffee enthalten sind, können abgebaut werden. Darum ist auch ein langsam gerösteter Espressokaffee (Röstzeit bis zu 20 Minuten) im Allgemeinen besser verträglich als der vergleichsweise hell geröstete „Filterkaffee". Durch den geringeren Gerbsäuregehalt wird Kaffee beim Abkühlen in der Tasse auch nicht sauer und bitter. Durch eine längere Extraktion, wie z.B. bei Filterkaffee verstärkt sich die Gerbsäure. Bei Espressomaschinen, wo der Kontakt mit dem Wasser wesentlich kürzer ist, geschiet dies (bei korrekter Zubereitung) nicht.

12. Wodurch entstehen säurearme Kaffees?

Die säureärmsten Kaffees entstehen:

- durch spezielle Behandlung: „Monsooning" baut zum Beispiel durch den Einfluss von Feuchtigkeit unerwünschte Säuren ab.
- durch spezielle, sanfte Brühmethoden, z.B. durch die Zubereitung mittels der Karlsbader/Bayreuther Kanne oder durch Flotationssysteme.
- durch natürlich niedrigen Säuregehalt der Bohnen.
- durch eine schonende (Langzeit-) Röstung (bei nicht zu hohen Temperaturen).
- durch die kalte Extraktion (mittels Wasser und Zeit wird der Kaffee kalt ausgelaugt, ein Verfahren, das besonders säurearmen Kaffee erzeugt).
- durch besondere Behandlungen der Bohnen (reizarme Kaffees, deren Herstellung aber oft auch zu Lasten des Aromas geht).

13. Welche Arten von Säure gibt es?

Grundsätzlich unterscheidet man zwischen erwünschten Säuren in der Bohne, Säuren, die beim Rösten und jene die beim Wärmen des Kaffees entstehen.

a.) Feine, gewünschte Kaffeesäuren: Sie kommen je nach Bohnenqualität in den verschiedenen Kaffeesorten vor (Kenia ist zum Beispiel ein Klassiker für feine Säuren!) und tragen zum guten Geschmack bei. Robusta-Kaffees sind säureärmer als Arabicas.

b.) Die Säuren, die beim Rösten entstehen: Im schwach gerösteten Kaffee ist relativ viel Säure vorhanden. Bei einer sehr starken Röstung (Italien) geht ein Großteil der Säuren wieder verloren. Beim schonenden Langzeitrösten verschwinden ebenfalls einige unerwünschte Säuren.

c.) Die Säuren, die beim Stehenlassen des Kaffees auf der Heizplatte entstehen: Sie machen den Kaffee letztendlich ungenießbar. Diese Säuren sind anders beschaffen als die zuvor erwähnten erwünschten feinen Säuren. Lässt man den Kaffee länger auf der Heizplatte stehen, nimmt der Gehalt an Gerbsäuren zu. Schon nach zwei Stunden sinkt der pH-Wert, der Kaffee schmeckt immer saurer und wird schließlich ungenießbar. Bei einem längeren Stehenlassen des Kaffees bilden sich nicht nur die erwähnten Säuren, die das Kaffeegetränk geschmacklich negativ beeinflussen, auch das Aroma geht verloren. Schon nach 30 Minuten verändert sich der pH-Wert, der ständig massiv weiter sinkt. Am wenigsten Aroma verliert der Kaffee in der Thermoskanne. Kaffee sollte daher nicht länger als 30 Minuten aufbewahrt werden.,

14. Welche und wie viele Säuren gibt es im Kaffee?

Insgesamt findet man etwa 100 verschiedene Säuren im Kaffee.

Die mengenmäßig am meisten vorkommenden Säuren sind Zitronen-, Essig-, Apfel-, Chlorogen- und Chinasäuren. Aber auch Linol-, Palmitin- oder Oxalsäure sind vorhanden. Viele dieser Säuren haben einen starken Einfluss auf den Geschmack. Die Chlorogensäure bildet mit mehr als 70 % den größten Anteil der Säuren im Kaffee.

15. Was passiert bei zuviel bzw. zu wenig Säure im Kaffee?

Bei zu wenig Säure schmeckt der Kaffee ausgelaugt, schal und bitter. Aber auch zu viel Säure schadet dem Kaffee in der harmonischen Wahrnehmung.

16. Welche Röstverfahren gibt es?

Geröstet wird mit rotierenden Trommeln in Chargen (Trommelröstung) oder mit Heißluft. Die Röstwärme wird durch Kontakt oder Konvektion (Heißluft) auf das Röstgut übertragen.

Die Heizmittel sind Gas, Öl oder Strom. Holz ist, abgesehen davon, dass man die Temperatur schwer steuern kann, wohl eher als Marketinggag zu sehen, wobei auch der Umweltgedanke bei Spezialhölzern für das Rösten zu hinterfragen wäre.

17. Was ist Trommelröstung?

Bei der Trommelröstung wird der Kaffee in einer rotierenden Trommel geröstet. Die Wärmeübertragung geschieht indirekt durch den Kontakt mit der von außen beheizten Trommel und durch die in der Trommel aufgeheizten Luft.

Als Vorteile der Trommelröstung gelten der Abbau der ungewollten Säuren und die bessere Entwicklung von Geschmack und Aromen, beides geschieht bei einer langsamen Röstung mit verhältnismäßig niedrigen Temperaturen.

18. Was ist eine Charge?

Eine Charge entspricht einer bei einem Röstvorgang entstandenen Menge Röstkaffee. Ein erfahrener Röster versteht es, aus einer gleichen Kaffeesorte geschmacklich gleich ausfallende Kaffeechargen herzustellen.

19. Röstdauer: Wie lange und bei welchen Temperaturen soll geröstet werden?

Generell gilt, je langsamer bei niedriger Temperatur geröstet wird, desto besser sind die Ergebnisse. Bei diesem Verfahren können mehr unverträgliche Chlorogenäuren, die im Rohkaffee enthalten sind, abgebaut werden und mehr Aromastoffe aufgebaut werden.

Röstzeit und -temperatur spielen dabei zusammen. Viele Röstprofis sprechen davon, dass für die beste Röstung 200 °C nicht überschritten werden sollen. Ca. 15 bis 20 Minuten gelten als die ideale Röstzeit. Schnell und damit mehr zu rösten (und – eventuell – mehr zu verkaufen) widerspricht dieser Qualitätsphilosophie.

In der Industrie gelten:

- ca. 180–200 °C als leicht gerösteter Kaffee (z.B. Filterkaffee)
- ca. 200–210 °C als mittelstark (Espresso, Café Crème)
- ca. 230–250 °C als dunkle Röstung (italienischer Espresso)

20. Was hat es mit dem Knacken beim Rösten auf sich?

Es gibt den ersten und den zweiten „Crack". Beide gelten als Qualitätskriterien.

Beim Rösten entsteht ein gewaltiger Druck auf die Zellwände – hervorgerufen durch chemische und physikalische Vorgänge (zwischen 8 und 20 bar). Die Kaffeebohnen brechen auf, dies führt zu einer deutlichen Volumenvergrößerung. Daneben tritt allerdings ein deutlicher Gewichtsverlust ein. Eine gute Kaffeeröstung wird schon durch die erste Knackstufe (beginnt bei ca. 170 °C) erreicht, eine gute Espressoröstung muss auch die zweite Knackstufe (beginnt ab 190 °C) durchlaufen.

21. Wo liegt der Unterschied zwischen den „kleinen traditionellen Röstern in Handarbeit" und den Industrieröstern?

Handarbeit bleibt das, was der Name schon sagt, nämlich Handarbeit.

Ein erfahrener Röster versteht es gleichschmeckende Kaffeechargen aus verschiedenen Kaffee-Ernten, zu rösten. Obwohl – wie beim Weinanbau – die Ernten unterschiedlich ausfallen können, findet letztendlich die entscheidende Entwicklung der Kaffeearomen beim Rösten und in der Mischung statt. Der „kleine Röster" benötigt neben seiner Erfahrung insbesondere auch ein gutes Auge. Kaffeerösten ist und bleibt ein Handwerk, da eine „Sensoriktaste" noch nicht erfunden ist. Kleine Röster können daher nur über kompromisslose Frische und beste Qualität gegenüber den Industrieröstern punkten, niemals aber über den Preis.

22. Ist Ventilverpackung und Vakuum das gleiche?

Nein, dies ist ein weit verbreiteter Irrtum.

Bei der Ventilverpackung können Gase nach Außen entweichen, ein frisch gerösteter Kaffee „gast" mehrere Tage aus. Diese Gase sorgen für eine Überblähung der Ventilpackung, was dazu führt, dass die verbliebene Luft herausgedrückt und so die Oxidation der Kaffeebohnen vermieden wird.

23. Stimmt es, dass bei Industrieröstungen oft nur zwischen 90 Sekunden und 3 Minuten geröstet wird?

Ja, und es gibt sogar Industrieröstungen, bei denen Kaffee nur 60 Sekunden Kontakt mit der heißen Luft hat.

Danach wird vielfach mit kaltem Wasser anstatt mit Luft gekühlt. Das Wasser wird dabei von der Bohne aufgenommen, erhöht das Gewicht des Kaffees und verfälscht das Aroma. Leider sind die Angaben zu Röstzeit, Röstverfahren und zu den Temperaturen auf den Verpackungen nicht verpflichtend, erfragen kann man die Röstzeit allerdings immer. Bei Trommelröstungen ist der Kaffee nach ca. zehn Minuten wieder komplett abgekühlt. Die Wasserkühlung geht natürlich wesentlich schneller. Die Zugabe von Wasser, bzw. der maximale Wassergehalt, ist gesetzlich definiert.

24. Gibt es auch unerwünschte Röststoffe, wie z.B. Backstoffe?

Ja, durch zu hohe Temperaturen können verstärkt Acrylamide entstehen.

Diese entstehen innerhalb der Maillard-Reaktion, die Aminosäure Aspargin reagiert mit Kohlenhydraten. Dieser Prozess tritt auch beim Frittieren (z.B. von Pommes Frites), oder beim Backen (z.B. von Brot) ein. Acrylamide gelten als gefährlich, da ihnen eine krebserregende Wirkung zugeschrieben wird. Bei einer normalen Nahrungsaufnahme, insbesondere beim Genuss eines unter niedrigen Temperaturen gerösteten Kaffees, ist die Aufnahme unbedenklich gering.

25. Sollen verschiedene Kaffeesorten einzeln, bei verschiedenen Temperaturen und verschieden lang geröstet werden?

Hier scheiden sich die Geister! Grundsätzlich sollte man verschiedene Kaffeesorten getrennt rösten, denn unterschiedliche Bohnengrößen oder ein unterschiedlicher Wassergehalt der Kaffeesorten können den kleinen, aber feinen Unterschied beim Rösten ausmachen, welcher sich schon bei einer minimalen Zeitdifferenz von 1–2 Minuten Röstzeit bemerkbar machen kann. Allerdings spricht bei gleichem „Sreen" auch vieles für eine gemischte Röstung, insbesondere in Bezug auf den Aromenaustausch.

26. Kann man mit einem Klein-, Probe- oder Tischröster auch ansprechende Ergebnisse erzielen?

Ja, warum nicht? Alle Kaffeemuster der Kaffeeanbauländer werden von den Röstern in Proberöstern zubereitet.

Würde diese Röstung ein anderes – schlechteres – Ergebnis bringen, würde auch der gesamte Kaffee-Einkauf nicht so funktionieren, wie wir ihn kennen. Die Frage, die jedoch immer bleibt, ist die nach Gleichmäßigkeit und gleichbleibender Qualität.

27. Wie lange ist Kaffee nach der Röstung haltbar?

Grundsätzlich ist Kaffee ein Genussmittel, das frisch konsumiert werden sollte.

Frisch verpackt ist Kaffee ca. zwei Monate haltbar, bevor er langsam Aromastoffe verliert oder – wie man beim Wein sagen würde – wieder abbaut. Kaffee im Ventilbeutel hält sein volles Aroma für 12 Monate. Gemahlener und vakuumverpackter Kaffee hat, wenn er richtig gelagert wird, eine Haltbarkeit von ca. 6 Monaten. Relevant sind hierbei auch die Verpackung und der in ihr enthaltene Restsauerstoff.

28. Wie soll ein Kaffee verpackt sein?

Gemahlener Kaffee ist meist vakuumverpackt und muss daher luftdicht sein (keine weiche Verpackung kaufen!). Bohnenkaffee sollte bevorzugt in einer Ventilverpackung gekauft werden. Am besten ist es jedoch, den Kaffee immer wieder frisch zu kaufen und schnell zu verbrauchen.

29. Was muss man bei Verbrauch und Frische beachten?

Die größten Feinde des Kaffeearomas sind Sauerstoff, Feuchtigkeit, Wärme und Licht. Also trocken, luftdicht und dunkel lagern!

Geröstete Kaffeebohnen sollte man frisch kaufen, verbrauchen und frisch nachkaufen. Kaffee im Ventilbeutel hält 12 Monate und mehr, wird aber mit der Lagerung nicht besser. Sonst sollte der gekaufte Kaffee innerhalb von ca. 6 Wochen verbraucht werden. Offene Bohnen sollte man nach ca. 14 Tagen und gemahlenen (offenen) Kaffee sofort aufbrauchen. Für Personen, die nicht soviel Kaffee trinken, empfehlen sich kleinere Packungen oder der Wechsel zu Convenience (Pads, Tabs, Espressocialde, -kapseln).

30. Was ist bei der Lagerung von Kaffee zu beachten?

Generell gilt: trocken, luftdicht (keine Fremdgerüche) und kein Licht.

a.) Nicht jeder hat eine Mühle zu Hause, daher gilt es, die Regeln für Mahlkaffee zu beachten.

- Kaffee in der Originalverpackung belassen. Beim Umfüllen kommt es einerseits zu einem Aromaverlust, andererseits bilden sich am Dosenrand schnell Fette und ätherische Öle, die dann wiederum innerhalb kürzester Zeit ranzig werden können.

- Am besten die Verpackung in eine geruchsneutrale Keramikdose geben, die luftdicht verschließbar ist. Plastikdosen nehmen schnell Fremdgerüche an!

- Kaffee im Kühlschrank ist nicht zu empfehlen, schon wegen der Feuchtigkeit (Kaltbrühung und Schimmelbildung) und der Fremdgerüche.

- Tiefkühltruhe ist erlaubt, hierbei konserviert die trockene Kälte das Aroma.

- Die optimale Temperatur zur Lagerung von Kaffeepulver (und auch von ganzen Kaffeebohnen) außerhalb der Tiefkühltruhe liegt bei 10 bis 18 Grad Celsius. Für Kaffeepads gelten ähnliche Regeln, wie für das Kaffeepulver.

b.) Lagerung von Kaffeebohnen

- Die Lagerung der Bohne ist im Vergleich zum gemahlenen Kaffee die bessere Methode, um Aromaverlust und Verderblichkeit zu vermeiden.

- Optimal ist es, die Bohnen mitsamt der Packung in ein luftdichtes Keramikgefäß zu geben. Das Keramikgefäß ist geruchsneutral und sorgt dafür, dass das Aroma erhalten bleibt.

- Eine Alternative ist es die Packung gut verschlossen in die Tiefkühltruhe (Gefrierfach) zu legen.

31. Gibt es Schonkaffees, die aufgrund des Röstverfahrens entstehen?

Ja, Zeit und Temperatur der Röstung verändern die Zusammensetzung des Röstkaffees, der mildere Geschmack wird als bekömmlicher empfunden.

Darüber hinaus gibt es Kaffees, die von Natur aus milder und daher oft auch bekömmlicher sind (z.B. bestimmte Kaffees aus Kolumbien und Brasilien).

32. Was sind Schonkaffees?

Als Schonkaffees bezeichnet man Kaffees, denen eine spezielle Behandlung zuteil wurde, mit dem Ziel bestimmte Inhaltsstoffe zu vermindern.

Dazu wird der Kaffee mit Wasserdampf bei ca. 100 °C behandelt. Die aggressiven Säuren sollen ab- bzw. umgebaut werden. Kritiker stellen diesen Kaffees häufig ein schlechteres Geschmacksprofil aus.

33. Welche Röststufen und Röstgrade gibt es?

Generell sind die Röstungen auf die Zubereitungsarten bzw. Brühmethoden abzustimmen. Röstgrade unterscheiden sich durch Farbe und Röstdauer.

Es gibt Röstungen für Mokka-, Filter-, Espresso- und dunklen Espressokaffee. Einheitliche Röstgradbestimmungen gibt es in Europa nicht. Im amerikanischen System gibt es eine Vielzahl von Röstbegriffen, wobei diese aber nicht einheitlich eingesetzt werden. So treten immer öfter amerikanischen Röstbegriffe (Light Espresso, Continental, European, French, Light French, Viennese, High Roast, Regular Roast, Dark Roast, American- oder Italian Roast, City- und Full City Roast uvm.) in unseren Breitengraden auf, tragen jedoch eher zur Verwirrung bei, da sie natürlich nicht einheitlich von den Röstern verwendet werden. Eine Espressoröstung wird tendenziell länger und bei höheren Temperaturen geröstet. Generell ist eine Röstung für die Filtermaschine oder „French Press" kürzer und daher heller, als eine vergleichbare Röstung für Espresso. Eine typische Filterröstung ist daher – als Espresso zubereitet – normalerweise nur sauer. Umgekehrt dominieren bei einer Espressoröstung die Bitternoten und Rösttöne, bzw. geht die typische Fruchtigkeit mancher Kaffees verloren, wenn diese Röstung als Filterkaffee (oder mittels French Press) zubereitet wird. Dieses Problem kennen wir von fast allen italienischen, vakuumverpackten „Haushaltskaffees", die für Mokka, aber nicht für Filter oder French Press geröstet sind.

34. Kühlung: Warum muss der Kaffee nach der Röstung sofort gekühlt werden?

Damit der gewünschte und erreichte optimale Röstgrad erhalten bleibt. Ohne zügige Kühlung röstet der Kaffee nach.

Haben die Bohnen die Temperatur von 200 °C und mehr erreicht, müssen sie rasch abgekühlt werden, um die entstandenen Substanzen auch zu erhalten. Die durch die Hitze in Gang gesetzten Prozesse verlangsamen sich zunehmend.

35. Was ist eine Blend?

Blend ist eine Mischung aus zwei oder mehreren Kaffees und wird besonders bei der Herstellung von Espressokaffees eingesetzt. Bei einem Blending ist es Ziel unterschiedliche Kaffees in ihren geschmacklichen Eigenschaften zu ergänzen, um einen vollmundigen und komplexen Geschmack zu erzeugen.

36. Gibt die Zahl der verschiedenen Kaffeesorten in einer Blend einen Rückschluss auf die Qualität?

Nein, viele verschiedene schlechte Bohnen ergeben noch immer eine schlechte Mischung und keinen guten Kaffee.

37. Was ist vorgedämpfter Robusta Kaffee?

Vorgedämpfter Robusta ist der Versuch, einen schlechten Robusta-Kaffee durch Dampf geschmeidig und erst trinkbar zu machen. Mit Genuss hat das allerdings nichts zu tun.

Erst nach der Behandlung können diese „Second-Hand"-Bohnen verkauft und an die Röster geliefert werden. Es geht wie immer um Geld, da dieser vorwiegend aus Vietnam stammende Robusta noch immer deutlich billiger ist als andere Kaffeesorten und so Gewinnoptimierung auf Kosten des Geschmacks stattfindet.

38. Wie ist der Mensch auf die Idee des Kaffeeröstens gekommen?

Das ist bis heute unklar. Die wahrscheinlichste These besagt, dass früher der Dung von Tieren – wahrscheinlich Affen – als Heizmaterial verwendet wurde. Wenn der Dung Kaffeebohnen beinhaltet hat, entwickelten sich im Feuer diverse Röstaromen, denen man nachging bis man die geröstete Kaffeebohne als Ursachenträger ausmachte.

Ganz egal ob intensiver Ristretto, aromatischer Espresso, cremiger Cappuccino oder trendiger Latte Macchiato, weltweit vertrauen Gastronomen und Spitzenköche auf unsere vollautomatischen Kaffeesysteme – made in Switzerland.
Perfekte Kaffeequalität – Tasse für Tasse
SERIE 50
SERIE 70
SERIE 90
www.egrocoffee.com
Passion for the best coffee. Since 1934.
egro
SWISS COFFEE SYSTEMS

GR1
06
GR2
00

Ins Kaffeehaus geht man,
wenn man allein sein will, dazu aber
Gesellschaft braucht.

Alfred Polgar

Wie viele und welche Brühmethoden gibt es eigentlich?

Insgesamt unterscheidet man zwischen 5 Hauptarten, 10 verschiedenen Methoden und ca. 30 Subarten des Kaffeebrühens.

- Brühen ohne Druck (Aufgießen mit Wasser/Flotation)
- Press-Stempelkannen/French Press
- Filtermethoden (Drip Brewing)
- Türkische Methode (Turkish Coffee)
- Zubereitung mit Druck (Dampfdruckkannen/Coffee Maker; Espressomethode; Brühen von Kaffeekonzentrat; Vendingmaschinen)
- Spezialverfahren und Sonderformen (Cold Brewing, Unterdruckmaschinen, Maschinen auf Halogenbasis, Mikrowellen-Brühmaschinen, Halbvakuum- und Lasermaschinen)

1. Brühen ohne Druck

Brühen in der Tasse

Dies ist die einfachste Methode um Kaffee zu brühen. Man gibt mittelfeines Mahlgut in eine Tasse, brüht es mit heißem – wallenden – Wasser auf und lässt es ca. 3–4 Minuten ziehen. Die Wassertemperatur sollte ungefähr 90–95 °C betragen. Liegt die Temperatur wesentlich darunter, entsteht ein stark verwässerter Kaffee, da die Wärme des Wassers nicht ausreicht, die Aromastoffe und feinen Säuren vollständig aus dem Kaffeemehl zu lösen. Die Schaumkruste muss abgeschöpft werden bis sich das Pulver abgesetzt hat. Alternativ kann der Kaffee durch ein Sieb in ein anderes Gefäß gegossen werden.

Was ist Cupping? Cupping ist eine Kaffeeverkostung, die überall dort stattfindet, wo Kaffee produziert oder gehandelt wird. Cupping ist ein Vorgang zur sensorischen Bestimmung, jedoch nicht zum Trinken. Beim Cupping wird das frische Mahlgut lediglich mit Wasser in einer Schale aufgegossen. Es entsteht eine Kruste, die abgeschöpft wird, wobei beim Aufbrechen der Kruste schlagartig die eingeschlossenen Aromen freigesetzt werden.

„Häferlkaffee": Brühen im wallenden Wasser

Eine Unterart vom Brühen in der Tasse ist der sogenannte „Häferlkaffee". Hierbei wird zuerst das Wasser erhitzt, es beginnt zu wallen, man gibt das Kaffeepulver dazu, und das Ganze wird nochmals erhitzt. Danach muss man warten, bis der Kaffee sich setzt. Der Kaffee wird abgeseiht oder auch so getrunken. Achtung: ist das Wasser zu heiß (sprudelnd kochend) lösen sich auch die Bitterstoffe und Säuren, Aromastoffe verflüchtigen sich meist bei solchen Temperaturen. Daher sollte man das Wasser immer nur bis knapp vor dem Siedepunkt erhitzen.

● Spezialkanne „Eva Solo": Brühen und durch den Filter ausgießen
Das Prinzip ist das gleiche wie beim Brühen, allerdings benötigt man eine spezielle Glaskanne: Nach dem Mahlen wird das Kaffeemehl in die Glaskanne gegeben, diese dann mit kochendem Wasser aufgefüllt und das Ganze umgerührt. Nun wird der Filter eingesetzt. Nachdem der Kaffee ca. 4 Minuten gezogen hat, kann er eingeschenkt werden. Der zugehörige Kippdeckel öffnet sich beim Eingießen automatisch. Dank des isolierenden Mantels aus Neopren lässt sich der Kaffee bis zu 30 Minuten lang warm halten. Der Kaffee zieht dabei weiter.

● „Mono Kanne Brühen" Filter herausnehmen
In die zylindrische Kanne aus feuerfestem Borosilikatglas wird das feinmaschige Edelstahl-Doppel-Sieb einfach eingehängt. Kaffeepulver wird in die Kanne gegeben und mit heißem Wasser aufgegossen. Nach der gewünschten Kontaktzeit wird das Sieb mit dem Kaffeesatz wieder herausgenommen und der Kaffee kann getrunken werden.

Sonderformen der Brühmethoden:
● „Durch den Filter trinken": „Java Wand" ist ein tragbarer Kaffeefilter, angebracht an einem hitzebeständigen Glashalm, durch den man den aufgebrühten Kaffee direkt aus der Tasse trinkt.

2. Filtermethoden

Die Filtermethode ist technisch gesehen jede Brühmethode, bei der Wasser mittels Gravitationskraft durch gemahlenen Kaffee gefiltert wird. Im herkömmlichen Sprachgebrauch beschreibt die Filtermethode das Filtern mittels Filterpapier, welches den gemahlenen vom gebrühten Kaffee trennt. Oft erhält der Filterkaffee nicht den gleichen Stellenwert wie Espresso. Ein Grund dafür könnte die Nichtachtung der wichtigsten Regeln sein:
a.) der Kaffee sollte immer frisch sein
b.) der Kaffee sollte frisch gemahlen sein
c.) der Kaffee sollte sofort getrunken werden. Jede Steh- und (lange) Wärmezeit wirkt sich negativ auf Aroma und Geschmack aus. Mittlerweile gibt es schon Filterautomaten, die jede Tasse frisch mahlen und brühen.

● **Handfilter oder Handaufguss:**
Das heiße Wasser wird von Hand über den Filter mit dem Kaffee gegossen, wobei das Wasser eine Temperatur von 85–95 °C haben sollte. Zunächst wird das mittelfeine Kaffeepulver ein wenig mit heißem Wasser übergossen, sodass es aufquellt und alle Geschmacksstoffe gelöst werden können. Dann wird in weiteren Schritten der Filter langsam mit Wasser aufgefüllt. Wenn das gesamte Wasser den Filter durchlaufen hat, wird er gegebenenfalls erneut mit Wasser aufgefüllt. Der Vorteil gegenüber einer Maschine ist der, dass man die Temperatur und die Kontaktzeit selbst bestimmen kann. Viele Maschinen erreichen die notwendige Temperatur nicht (Kaffee wird sauer) oder brauchen zu lange (Kaffee wird bitter).

Tipps für die Zubereitung von Filterkaffee:

- Nur frischen Kaffee verwenden, der zuvor frisch gemahlenen wurde.
- Nur einmal aufgießen (lieber ein größeres Sieb und entsprechendes Papier verwenden).
- Kein sprudelnd kochendes Wasser verwenden, sondern max. 95 °C heiß.
- Warmhalten auf der Herdplatte macht den Kaffee ungenießbar. Die Säure zersetzt viele Aromastoffe, Bitterstoffe treten hervor. Lieber zweimal brühen als Warmhalten!

● **Keramikfilter (Karlsbader bzw. Bayreuther Kanne)**
Diese Kanne besteht aus Hartporzellan, das feine Doppelsieb ist durchglasiert. Die Maschine ist vierteilig (Kanne, Doppelsiebaufsatz, Wasserverteiler, Deckel) und ohne Filterpapier zu verwenden. Der grob gemahlene Kaffee kommt direkt in das feine Doppelsieb, das gleichzeitig Herzstück und das nicht maschinelle „Geheimnis" der Maschine ist. Danach wird der Wasserverteiler aufgesetzt und das Wasser eingegossen. Wenn das Kaffeepulver aufgequollen ist, wird weiteres Wasser portionsweise nachgegossen. Der Filteraufsatz wird

abgenommen und der Deckel aufgesetzt. So wird der Kaffee serviert und kann genossen werden. Kaffee aus der Karlsbader Kanne gilt unter vielen Experten als der feinste und der „unverfälschteste" Kaffee schlechthin. Zum einen erfolgt die Wasserbrühung sehr sanft über einen Verteiler, zum anderen tritt der Kaffee nie in Kontakt mit Metallen oder Kunststoffen, die den Kaffeegeschmack verfälschen können. Keramik beeinflusst den Kaffee nicht. Mit dieser Methode kann Kaffee so degustiert werden, wie er tatsächlich schmeckt. Durch die schonende Zubereitung gilt der Kaffee aus der Karlsbader Kanne als mild und bekömmlich (sofern guter Kaffee verwendet wurde). Es wird kein Kaffeeöl zurückgehalten und kein „Geschmack" aus dem Papier hinzugefügt.

● Papierfilter mittels Maschine

Bei dem in Deutschland und den USA weit verbreiteten Filterkaffee wird – tröpfchenweise oder schwach rinnend und schubweise – siedendes Wasser durch das in einer engporigen Filtertüte befindliche Kaffeepulver geleitet. Dieses Verfahren wurde 1908 von Melitta Bentz erfunden (Melitta Kaffee). Entweder verwendet man Filtertüten oder die Maschine hat einen integrierten Gold- oder Dauerfilter (Metallfilter), der nur ausgewaschen werden muss. Die Filtergrößen reichen von zwei bis zu mehreren Dutzend Tassen im professionellen HORECA Bereich.

● Filtern in die Thermoskanne

Eine lange Standzeit oder auch zu langes Warmhalten schadet dem Geschmack. Besser geeignet zum Warmhalten sind Kaffeemaschinen, bei denen der Kaffee direkt in eine Isolierkanne läuft. Auf diese Weise geht nur wenig Geschmack verloren und die Verbraucher sparen zusätzlich Energie.

● Napoletaner, Napolitaner oder Neapolitanische Kaffeekanne, Wendekanne

Varianten sind der Potsdamer Boiler, das Russische Ei oder Eikanne und die Kippkanne. Die Kanne ist eine dreigeteilte Filterkanne, in Metall oder Keramik erhältlich, die angeblich in Neapel erfunden wurde. Auf den Wasserbehälter kommt ein mit etwas gröberem Kaffeemehl gefülltes Sieb, darauf schraubt man ein Kanne. Zum Kaffeekochen dreht man den Apparat auf den Kopf und füllt den unteren Behälter mit Wasser. Die Maschine wird nun auf ein Hitzefeld gestellt. Kocht das Wasser, wird die Maschine nach kurzer Wartezeit umgedreht, und das heiße Wasser läuft durch das Sieb in die Kanne nach.

● **Filterkaffee „on demand"**
Diese neue Form von Filtermaschinen gibt es noch nicht lange. Die automatischen Geräte besitzen ein „Grind-on-Demand"-Tool, was bedeutet das jede Tasse Filterkaffee frisch gemahlen wird. Dies ist ein enormer Schritt in Richtung Qualitätsverbesserung von Filterkaffee, da gerade die Frische des Kaffeemehls eines der allerwichtigsten Kriterien für guten Filterkaffee ist.

Sonderformen der Filtermethoden:
● **Filtern mit Papier in die Tasse:** Der „Drip Bag" eines japanischen Filterherstellers ist ebenfalls ein Handfilter, und zwar in Form eines so genannten Miracron® Einweg-Filters, mit dem auch fein gemahlenes Kaffeepulver gefiltert werden kann.
● **Schwallmethode:** Eine Unterart der Handfiltermethode ist die Schwallmethode, bei der der Filter mit einem richtigen Wasserschwall gefüllt wird (weniger Bitterstoffe).

3. Türkische Methode/Mokka

Auch als türkischer, griechischer oder arabischer Mokka bezeichnet. Gemeint ist die Zubereitung (das Kochen) von Wasser und von sehr fein gemahlenem Kaffee in einem Edelstahl-, Kupfer- oder Messingkännchen. (Ibrik/Ibric – türkisch, Briki – griechisch, Chechwe/Cezve – arabisch). Je nach Geschmack und Zubereitungsart werden Zucker und Gewürze dazu gegeben. Arabischer Mokka wird zum Beispiel ungesüßt getrunken, anstelle von Zucker wird Kardamom in das Kännchen gegeben. Das Pulver (und eventuell auch Zucker) werden umgerührt und vollständig mit Wasser benetzt. Nun setzt man den Ibrik auf die Kochplatte, solange bis das Wasser zu kochen beginnt. Der Schaum, der sich dabei bildet, wird sofort in die jeweiligen Tassen gefüllt und das Kännchen wiederum mit Wasser aufgegossen, um es erneut zu erhitzen. Nachdem es abermals kocht, verteilt man auch den neuen Schaum und den Mokka gleichmäßig auf die Tassen. Der Vorgang kann mehrere Male wiederholt werden, je nach gewünschter Stärke. Nach dem Einschenken muss man warten, bis sich der Kaffeesatz etwas absetzt. Der türkische Kaffee enthält durch diese spezielle Zubereitungsart mehr Koffein.

4. Zubereitung mit Druck

a.) Dampfdruckkannen:

● Percolator/Perkolator

Perkolation bedeutet sinngemäß seihen oder filtern und ist eine auch heute noch verwendete Methode zur Kaffeezubereitung. Das Wasser wird im Percolator auf einem Hitzefeld erwärmt (Gas, Ceran, Elektro), steigt durch ein Metallröhrchen im Inneren empor und trifft dort auf das Mahlgut. Das Wasser tropft wieder nach unten und beginnt erneut empor zu steigen. Der Vorgang kann je nach gewünschter Stärke beliebig wiederholt werden. Früher waren diese zirkulierenden Percolatoren aus Metall oder Aluminium, doch durch die Probleme mit unerwünschtem Metallgeschmack wurde im Laufe der Jahre die Produktion auf Glas, Porzellan und Edelstahl umgestellt. Eine Sonderform sind die so genannten „Pump-Percolatoren", bei denen das Wasser nur einmal an das Kaffeemehl gelangt und dann in einem gesonderten Behälter aufgefangen wird.

● Cona Kanne, Glaskolbenkaffeemaschine oder Vakuummaschine

Hier stehen zwei Behälter (meist einer aus Glas und einer aus Edelstahl) neben- bzw. übereinander. Durch Erhitzen des Wassers steigt das Wasser durch ein Steigrohr in den zweiten Glaskolben, in dem sich das Kaffeepulver befindet. Sobald man die Heizquelle entfernt oder abdreht, kühlt die Luft ab, ein Vakuum entsteht und durch Druck wird der Kaffee wieder in den ersten Behälter „zurück gesaugt". Seit nicht allzu langer Zeit gibt es nun Vakuummaschinen mit elektrischem Anschluss, die eine gewisse Erleichterung bei dieser arbeitsintensiven Brühmethode mit sich bringen.

● Mokka Kanne, Espressokocher, Caffètiera, Cafétiera

Andere Bezeichnungen: Macchinetta Espressokanne oder -kännchen oder Espresso-Maker. Eine Espressokanne besteht aus drei Teilen: Kannenunterteil, Trichter- oder Filtereinsatz und Kannenoberteil mit dem Steigrohr. Die meist aus Aluminium oder Edelstahl hergestellten Espressokocher stellt man direkt auf die Herdplatte. Heute sind die Maschinen meist aus Edelstahl und Porzellan und eignen sich für Induktion, Gas, Elektro und Ceran. Das Wasser kommt in das untere Behältnis, darauf wird ein Filtereinsatz gesetzt. Das etwas gröbere Kaffeemehl als bei Espresso (nur einige „Hardliner" schwören auch hier auf espressofeine Mahlung) darf nicht gepresst, aber allenfalls glattgestrichen werden. Die Maschine wird auf den Herd gestellt, nach kurzer Zeit beginnt der Kaffee hörbar zu kochen und – sehr gut – zu riechen. Das Wasser steigt zu diesem Zeitpunkt gerade auf und „wandert" über das Steigrohr in den oberen Teil der Kanne.

Der Kaffee aus diesen Geräten schmeckt würzig-käftig, ist aber kein richtiger Espresso. Im Gegensatz zur Espressomaschine erreicht der Espressokocher keinen so hohen Wasserdruck, allerhöchstens 1,5 bar. Deshalb bildet sich bei der Zubereitung in der Espressokanne keine oder nur eine leichte, flüchtige Crema. Die Feinheiten der Kaffeekulturen: In Deutschland wird die Maschine meist als „Espressokocher" bezeichnet, obwohl kein richtiger Espresso entsteht. In Österreich wird sie oft als „Mokka-Maschine" bezeichnet, obwohl das Produkt auch kein richtiger Mokka ist.

Sonderformen der Mokkakanne:
● **Halboffene Espressokanne:** Der Kaffee fließt direkt in die Tassen. ● **Brikka von Bialetti:** ist ausgestattet mit einem Hochdruckventil am oberen Ende des Steigrohres. Dieses hält den Kaffee im Kessel zurück, bis ein bestimmter Druck (bis zu 6 bar) erreicht ist. Erst bei diesem Druck wird der Kaffee durch das Ventil gedrückt, wodurch der Espresso eine recht gute Crema erhält. ● **Carioca Espressomaker mit Crema:** Der neuartige „CARIOCA" Espressokocher benutzt keine elektromechanischen Teile (Pumpen, Widerstände, Magnetventile, etc.), sondern beruht auf einem hydraulisch physikalischen Prinzip, um den erforderlichen Druck (9 bar) bzw. eine gut ausgeglichene thermische Übertragung des Drucks zu erreichen, um so das Wasser auf über 90 °C aufzuheizen. ● **Espressozubereitung mit Milch für Cappuccino:** „Mukka Express von Bialetti™": der erste „Coffee-Maker", mit dem man einen echten Cappuccino auch zu Hause am Herd einfacher als mit der automatischen Kaffeemaschine zubereiten kann. Für jede Wärmequelle (außer Induktion). Die Milch wird gleich direkt in die Maschine gegeben.

b.) Druckbrühsysteme mit Überdruck:
● **Krups T8**
Es handelt sich hierbei um ein geschlossenes System. Ein Tauchsieder erhitzt das Wasser, Wasserdampf entsteht. Der Kaffee wird befeuchtet und in die Kanne gefiltert, was langsam beginnt, durch den ansteigenden Druck aber immer schneller geschieht. Die Krups T8 gilt auch unter Experten als Inbegriff für aromatischen Kaffee mit intensivem – jedoch ein wenig bitteren – Mokka-Geschmack und unverfälschtem Kaffeearoma.

c.) Press-Stempelkannen:
● **French Press oder Cafetière**
Andere Bezeichnungen: Chambord, Plunger Pot oder Kaffeepresse. Das (etwas gröbere) Kaffeepulver wird in die „French-Press" (Kaffeemaschine und -kanne in einem) gegeben und mit heißem Wasser überbrüht. Anschließend wartet man, bis sich das Kaffeepulver nach unten abgesetzt hat. In einem zweiten Schritt wird der integrierte Stempel mit dem metallenen Filter auf den Kannenboden gedrückt, um den gemahlenen Kaffees von der Flüssigkeit zu trennen. Der Kaffee kann nun problemlos entnommen werden. Diese Art des Kaffeekochens ist besonders in Frankreich

sehr beliebt, bekommt aber auch im deutschsprachigen Raum immer mehr Anhänger und zeichnet sich durch ein intensives Aroma aus. Weitere Vorteile sind die Brühzeit nach eigener Gestaltung und die perfekte Eignung für kleinere Mengen.

Sonderformen der Espressokanne:

- **Der Aerobie® AeroPress® Coffee- und Espressomaker:** Die AEROPRESS™ ist eine völlig neue Brühmethode. Wasser und gemahlener Kaffee werden für zehn Sekunden zusammengemischt. Danach wird die Mischung mittels sanftem (Luft-) Druck durch einen Mikro-Filter gedrückt. Die gesamte Brühzeit von nur 30 Sekunden ergibt einen außergewöhnlich weichen und milden Geschmack.

d.) Espressomethode: Zubereitung von Espresso mit der Espressomaschine

- **Mittels Siebträger-Halbautomat**

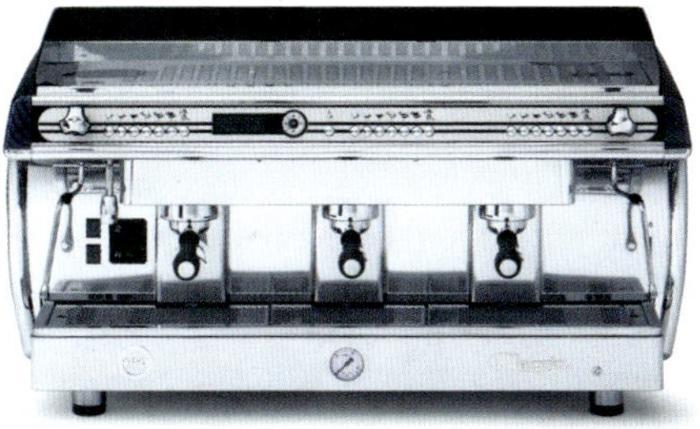

Die Entwicklung der Espressotechnik geht auf das Jahr 1901 zurück, als Luigi Bezzera das Patent für seine „Espressomaschine" anmeldete. In den folgenden Jahren wurden die ersten Bezzera-Maschinen serienmäßig produziert. Das Espresso-System ist heute mittels sogenannter Halbautomaten und Barista-Kunst perfektioniert: 6–8 Gramm fein gemahlenes Kaffeepulver werden unter hohem Druck (9 bar) in ca. 25 Sekunden in der Maschine extrahiert. Das Wasser hat dabei eine Temperatur von 89–95 °C. Die Wassermenge beträgt ca. 20–30 ml. Bei Siebträgermaschinen wird das Kaffeepulver von Hand in das herausnehmbare Sieb gefüllt und gepresst, ein Vorgang, der als „Tampen" bezeichnet wird. Der nötige Wasserdruck wird meist durch eine elektrische Pumpe hergestellt. Der Barista stimmt die Mischung, die Mahlung und die Maschine perfekt aufeinander ab. Moderne Profigeräte haben heute schon getrennte Boiler, einen eigenen Wasserkreislauf und können von außen temperaturtechnisch (einzeln) programmiert werden. Auch die perfekte Mahlgradeinstellung und die Extraktionszeit können mit der Maschine kombiniert, abgestimmt und kontrolliert werden. Moderne Mühlen funktionieren

„on demand", mahlen also jede Tasse frisch. Auch Haushaltsmaschinen sind heute technisch gesehen vielfach auf einem hohen Niveau. Das Problem bei Haushaltsmaschinen ist fast immer der gekoppelte Kreislauf für das Wasser bzw. für den Wasserdampf. Es empfiehlt sich daher beim Kauf den Schwerpunkt auf die perfekte Espressozubereitung zu legen und eine der zahlreichen modernen separaten Milchaufschäummöglichkeiten zu nutzen.

Mittels Handhebel

Als ein Vorläufer der heutigen Espressomaschine gilt die Handhebelmaschine. Von den späten vierziger Jahren mit der Ausgabe der Achille Gaggia (Kolben mit Spiralfeder) bis in die Mitte der sechziger Jahre (Durchbruch mittels der Faema E61 Gruppe, Druck mittels Pumpe) war die Handhebelmaschine die gängige Espressomaschine für den professionellen Einsatz. Der Brühdruck wurde zuerst per Muskelkraft, später durch Muskelkraft und Feder erzeugt (Spannen der Feder). Ersteres System ist heute noch bei „La Pavoni-" oder „Olympia"-Maschinen zu finden. Handhebelmaschinen mit Feder (und massiven Brühgruppen) werden heute noch regional in der Gastronomie eingesetzt. Beide Maschinentypen funktionieren ohne Pumpen.

Vollautomaten/Kolbentechnik

Hierbei erfolgt die Espressoherstellung automatisch auf Knopfdruck vom Mahlen des Kaffees über das Einfüllen des Espressopulvers in den Filter bis hin zum Brühen des Espressos. Doch es handelt sich hier nicht um einen Espresso im eigentlichen Sinn, sondern um Kolbenkaffee. Der Unterschied zum Espresso ist der, dass der Kaffee durch einen Kolben gepresst bzw. gedrückt wird. Durch den starken Druck kommt es zur gewünschten Extraktion und auch zur angestrebten Cremabildung, die sich jedoch in der Feinheit von der händisch in der Siebträgermaschine zubereiteten Espresso-Crema unterscheidet. In der Schweiz, einem führenden Land in der Vollautomatenproduktion, spricht man richtigerweise von einem „Schümlikaffee". Die Technik ist heute mittels Plastikkolben im Haushalt weit verbreitet (Saeco, Jura, Solis etc.) und kommt mit professionellem Metallkolben vielfach in der Gastronomie zum Einsatz. Die Qualität des Espressos ist in der Regel sehr gut und genügt

auch professionellen Ansprüchen. Den perfekten Espresso vom Barista zubereitet, sowie auch die Baristashow selbst, kann der Vollautomat allerdings nicht ersetzen. Trotzdem hängt es vor allem von der Anforderung an Betrieb und Personal, also vom Betriebskonzept ab, welche Maschine für den Profigastronom die richtige ist.

● **Pad- oder Kapselmaschinen**
Eine Sonderform der Espressomaschinen stellen die Padmaschinen dar, wobei man folgende Varianten unterscheidet: ● **Maschinen für Espressopads** (E.S.E. = Easy Serving Espresso), die nach dem gleichen Prinzip wie Haushaltsespressomaschinen funktionieren. Der Kaffee ist nur in Filterpapier eingeschweißt. Der Druck der Maschinen entspricht dem von herkömmlichen Haushaltsespressomaschinen. ● **Soft-Padmaschinen** brühen meist mit 1–3 bar (der Druck variiert von Hersteller zu Hersteller und von Modell zu Modell). Der Kaffee ist also eine Mischung aus Brüh- und Presskaffee. ● **Maschinen für Kapseln**, die sich dadurch unterscheiden, dass der Kaffee in Plastik oder Aluminiumkapseln eingeschweißt wird, durch die in weiterer Folge extrahiert wird. Dafür wird meist ein größerer Druck (bis zu 18 bar) benötigt.

Sonderformen der Espressomaschinen:
● **Zentrifugenmaschinen:** erzeugen im Gegensatz zu Vollautomaten und Siebträgermaschinen keinen Überdruck, sondern schleudern das Kaffeemehl in einer Zentrifuge, die vom erhitzten Wasser durchströmt wird. Die Herstellungsform wird vor allem im Billigpreissegment verwendet. Die Maschinen sind relativ wartungsarm, aufgrund des mangelnden Drucks entsteht aber kein richtiger Espresso.

e.) Vendinggeräte

Auch Vendinggeräte machen sich einerseits die Kolbentechnik zu Nutze (Schümlikaffee), vielfach werden jedoch Maschinen für Instantkaffee eingesetzt. Dies passiert meist in der Kombination mit Pulverbehältern (Milch, Kakao, ...) und neuerdings auch mit Frischmilch.

● **Frischbrühvariante**
Der frisch- oder vorgemahlene Kaffee wird Tasse für Tasse aufgebrüht und gefiltert. Der Vorteil ist die meist schnelle Ausgabezeit von nur wenigen Sekunden.

● **Instantvariante**
Hier erfolgt die Ausgabe (Brühung von löslichem Kaffee) meist noch schneller als bei der Frischbrühvariante, in oft nur 10–15 Sekunden. Die neueste Errungenschaft der Vendingtechnik sind Maschinen, die eine oder mehrere dieser Techniken kombinieren. Sie werden mittlerweile auch in der Gastronomie eingesetzt und bringen ein breites Spektrum an Produkten und zumeist auch die Palette der modernen Kaffeespezialitäten und -drinks in den professionellen Gastrobereich.

f.) Brühen von Flüssig-Konzentrat

Bei der Herstellung eines Konzentrates wird der Kaffee durch Dampf extrahiert und in seine Bestandteile zerlegt, dabei sind geschmackliche Veränderungen möglich. Als Flüssigkonzentrat kann Kaffee einfach transportiert und gelagert werden. Der Aromaverlust gilt bei Experten als Hauptkritikpunkt dieser Methode. Die Brühzeit ist hier für eine Tasse Kaffee mit 2–5 Sekunden sehr kurz. Die Vorteile sind die gleichbleibende Qualität, die exakte Portionierung und die hohe Stundenleistung.

5. Sonstige Brühmethoden: Neueste Errungenschaften

● **Kalte Extraktion, Kaltauszug**
Beim Kaltauszug wird das Kaffeemehl mit kaltem Wasser aufgegossen. Der Vorgang des Ziehens dauert mehrere Stunden. Die Essenz kann danach mit heißem oder kaltem Wasser aufgegossen werden. Diese Methode findet sich derzeit vornehmlich in Japan und Asien. Das Geheimnis ist die angeblich besonders niedrige Säure im Kaffee (bis zu 2/3 geringer als in herkömmlichen Kaffees), die nur durch dieses kalte Brühverfahren entstehen und sich dadurch massiv von allen anderen gebrühten Kaffees unterscheiden soll. ● **Unterdruckmaschinen** ● **Maschinen auf Halogenbasis** ● **Mikrowellen-Brühmaschinen** ● **Halbvakuummaschinen** ● **Lasermaschinen**

KAFFEE-VOLLAUTOMAT

UNOLD®
E L E C T R O

öchster Kaffeegenuss

- Einfachste Bedienung über LCD-Display
- Individuelle Zubereitung: Feinheitsgrad, Mahlmenge, Vormahlung einstellbar
- Vorbrüh-Aroma-Funktion
- Tassenabstellfläche aktiv beheizbar

Frisch gemahlen, perfekt gebrüht - für höchsten Kaffeegenuß

Auf Tastendruck vollautomatisch: Mahlen der Bohnen, Pressen des Kaffeeepulvers, Aufbrühen mit hohem Druck und optimaler Wassertemperatur, Auswurf des Kaffeesatzes.

- ☐ Für 1 oder 2 Tasssen, 3 Tassengrößen wählbar
- ☐ Einfachste Bedienung über selbsterklärendes Display
- ☐ Individuelle Zubereitung: Feinheitsgrad, Mahlmenge, Vormahlung einstellbar
- ☐ Mit Vorbrüh-Aroma-Funktion ☐ Integriertes Mahlwerk mit Behälter für 150g Kaffeebohnen
- ☐ Aufschäumdüse für Milchschaum und Heißwasser ☐ Abnehmbarer Wassertank 1,8 l
- ☐ Kaffeetemperatur von 69 - 75° wählbar ☐ Tassenabstellfläche aktiv beheizbar
- ☐ Brühgruppe zur leichten Reinigung entnehmbar ☐ Abtropfgitter und -schale entnehmbar
- ☐ Standby-Stromverbrauch ca. 5 Watt/h ☐ Maße 28,5 x 46,5 x 37,5 cm (B x T x H)
- ☐ 1400 W, 230 V ~, 50 Hz
- ☐ Farbe Edelstahl seidenmatt/Schwarz Typ/Best.Nr.: 28815
- ☐ Farbe Edelstahl seidenmatt/Weiß - Typ/Best.Nr.: 28811

NOLD AG

Mannheimer Str. 4
D-68766 Hockenheim

Telefon 06205-9418-0
Telefax 06205-9418-12

www.unold.de
info@unold.de

„Zucker ist mehr als nur ein Süßstoff. Er kann nicht nur süßen, sondern auch den Geschmack positiv und negativ beeinflussen."

1. Was ist Zucker?

Zucker ist ein Naturprodukt, das entweder aus Zuckerrüben oder aus Zuckerrohr gewonnen wird. Zucker enthält Energie, aber keine Vitamine, Mineralien oder Ballaststoffe.

Zucker wird auch als Sukrose oder Saccharose bezeichnetund und ist ein Kohlenhydrat aus Glukose und Fruktose. Während der Verdauung zerfällt der Zucker in diese beiden Komponenten. Der Körper spaltet Zucker in der gleichen Weise wie andere verdauliche Kohlenhydrate, wie zum Beispiel Stärke. Zucker kann man auch als „gespeicherte Sonnenenergie" bezeichnen, weil er von allen grünen Pflanzen aus Sonnenlicht, Wasser und Kohlendioxid produziert wird. Zuckerrüben und Zuckerrohr sind jedoch die einzigen Pflanzen, die genug Zucker vorweisen (16–18 %), damit sich die Extraktion lohnt.

2. Welche andere Quellen für Zucker gibt es?

Palmzucker (aus der Atta- und Zuckerpalme), Ahornzucker und -sirup, Birkensaft.

Sirup, wie z.B. Ahornsirup oder Birkendicksaft, wird durch mehrmaliges Kochen des Saftes hergestellt. Sie beinhalten einen hohen Zuckeranteil: Ahornsirup 65 %, Rübensirup 62 %, Birkendicksaft 78 %. Die Zucker aus Birkensaft sind vorwiegend Glukose und Fruktose, nicht Sukrose.

3. Was ist der Unterschied zwischen Rüben- und Rohrzucker?

Der Unterschied besteht in der Qualität des verbleibenden Sirups und in den Kristallen. Chemisch gesehen sind weißer Zucker aus Zuckerrüben und -rohr das gleiche Molekül, ein Disaccharid.

4. Wie wird Zucker gewonnen?

Mehr als die Hälfte der heutigen globalen Zuckerproduktion stammt aus Zuckerrohr.

1. Schneiden und Pressen
2. Extraktion mit heißem Wasser
3. Rohsaft entsteht
4. Reinigung mit Kalk und Kohlendioxid
5. Filtration
6. Verdampfung/Konzentration
7. Entstehung des Dicksaftes (= Fabriksmelasse)
9. Kristallisation
10. Rohzucker
11. Raffinerie (Raffineriemelasse)
12. Rekristallisation:
    Bei der Rohzuckerproduktion entstehen bei der Rekristallisation in der Vorstufe zum Industriezucker der Demerara- und Muscovadozucker, mit mehr oder weniger Melasseanteilen.

5. Woher kommt der Geschmack im Zucker?

Die Komponenten im Rüben- und Rohrzuckersirup (Melasse) definieren den Geschmack.

6. Was sind die wichtigsten Saccharide?

- **Monosaccharide/Einfachzucker** (Glukose, Fruktose, Galactose)
- **Disaccharide** (Sukrose, Maltose*, Laktose**)
- **Trisaccharide** (Raffinose)
- **Tetrasaccharide** (Stachyose)
- **Pentasaccharide** (Verbascose)

*Maltose/Malzzucker: Aus Stärke gewonnener Zucker, der bei der Produktion von Alkohol zum Einsatz kommt. Industriell wird Malzzucker aus gekeimter Gerste gewonnen. Die Süßkraft entspricht nur ca. einem Drittel von weißem Zucker (Saccharose).

**Laktose/Milchzucker: Auch Sandzucker genannt, kommt in der Milch vor und besteht aus Glukose und Galaktose.

7. Welche Zuckerfamilien gibt es?

Grundsätzlich gibt es zwei Arten von Zuckerfamilien.

Einerseits gibt es die sukrosestämmige Familie mit Rüben- und Rohrzucker, andererseits den Invert Zucker. Invert Zucker ist ein flüssiges Produkt, ein durch Auflösung (Inversion) von Saccharose entstandenes Gemisch, eine Mischung aus den gleichen Teilen an Glukose (Traubenzucker) und Fruktose (Fruchtzucker). Zur stärkestämmigen Zuckerfamilie gehören alle aus Stärke (z.B. Maisstärke) hergestellten Zuckerarten: Glukosesirup, Glukose (Dextrose), Fruktosesirup, Isoglucose (auch „Corn Sirup", „Maissirup", „Maiszucker"), Stärkesirup. Das sind häufige Alternativen zur Raffinade.

8. Was ist die relative Süße?

Sukrose („normaler" Zucker) ist der Maßstab für jeden süßen Geschmack mit der relativen Süße von 1.0.

Die relative Süße wird in dem Verhältnis zu Sukrose gemessen. Sukrose ist gewöhnlicher Zucker, ein Disaccharid, das aus einem Glukose und einem Fruktose Molekül besteht. Sukrose kommt mit den Monosacchariden Glukose und Fruktose in den meisten Pflanzen vor. **Fruktose** (ein Monosaccharid) besitzt ein fruchtigeres Süßeprofil und gilt als der süßeste Zuckertyp. Fruktose wird vom menschlichen Körper langsamer absorbiert als Glukose. Es kann aus verschiedenen Pflanzen extrahiert werden, wie z.B. Artischocken oder Chicorée, wird aber meist aus Sukrose produziert. **Glukose** (Traubenzucker) ist chemisch gesehen Dextrose und hat ein neutrales Süßeprofil. Glukose ist ein Monosaccharid, vorhanden in den meisten Pflanzen und Teil der Disaccharide Sukrose, Laktose und Maltose. Glukose ist die wichtigste Zuckerform im menschlichen Blut und der Zuckertyp, der am schnellsten ins Blut aufgenommen wird. Deshalb wird es auch oft von Sportlern zur schnellen Energieaufnahme verwendet. Andere Monosaccharide müssen erst in Glukose umgewandelt werden. Das Gehirn benötigt Zucker, um Energie freisetzen zu können. Der Bedarf liegt bei 110–130 g pro Tag.

9. Zuckertypen und Produkte:

Name	Synonym	Produktion	Relative Süße	Energie gehalt kJ/g
Zucker	Sukrose	Extraktion (Diffusion) von Rüben- oder Rohrzucker unter Verwendung von heißem Wasser.	1,0	17
Dextrose	Glukose	Abbau (Hydrolyse) von Getreide, Kartoffel oder Maisstärke mittels Säuren und/oder Enzymen.	0,6–0,7	17
Fruktose	Traubenzucker	Die Fruktose wird zuerst in Glukose und Fruktose unter Verwendung von Enzymen oder Säuren umgewandelt (Hydrolyse oder Inversion).	1,0–1,3	17
Maltose	Fruchtzucker	Abbau von Stärke (Hydrolyse)	0,5	17
Laktose	Malzzucker Milchzucker	Extrakt aus Molke, ein Nebenprodukt der Käseproduktion.	0,4	17

10. Welche Zucker für Kaffee oder Tee gibt es?

Weißer Zucker, Würfelzucker, Brauner Zucker, (selten) Kandiszucker, Honig, Demerara Zucker, Muscovado Zucker, Instantzucker.

Weißzucker (Grundsorte) ist eine Vorform der Raffinade, eine einfache Sorte Zucker, die noch durch eine sehr kleine Menge Mineralstoffe „verunreinigt" ist. Haushaltszucker oder Kristallzucker, Industriezucker oder Raffinade, sie werden aus Zuckerrohr oder -rüben hergestellt und bestehen zu 99,9 % aus Saccharose, sie müssen besonderen Reinheitsanforderungen entsprechen, und werden in verschiedener Körnigkeit hergestellt (z.B. Normalkristallzucker, Feinkristallzucker, ...). Würfelzucker ist angefeuchtete Raffinade, die zu Würfeln gepresst und anschließend wieder getrocknet wird.

11. Was ist Brauner Zucker?

Brauner Zucker ist grundsätzlich jeder Zucker mit brauner Farbe.

Zur Gewinnung von braunen Zuckern gibt es unterschiedliche Verfahren und Möglichkeiten. So wird zum Beispiel weißer Zucker mit braunem Zuckerrohrsirup (Karamellsirup) gemischt, er entsteht aber auch aus Mischungen von weißen und braunen Sirupen, die auskristallisiert werden. Brauner Zucker ist auch ein Zwischenprodukt bei der Zuckerherstellung, die anhaftende Melasse färbt den Zucker und gibt ihm eine klebrig-feuchte Konsistenz. Bei Rohrzucker sind der Demerara und der Muscovado Zucker für das Süßen von Kaffee von Bedeutung.

12. Was ist Melasse?

Melasse ist ein dunkelbrauner Sirup, der bei der Zuckerproduktion entsteht.

Die Melasse aus Zuckerrohr wird unter anderem zur Rumherstellung verwendet.

13. Was beinhaltet Melasse?

Der Sirup (die Melasse) beinhaltet Sukrose, Glukose, Fruktose, Salze, organische Säuren, Aminoverbindungen, verschiedene Karamell- und Maillardprodukte (Aromen) aus den verschiedenen Verarbeitungsprozessen.

14. Ist brauner Zucker gesünder als weißer?

Nein, auch wenn brauner Zucker oft noch Spurenelemente enthält.

Wenn der weiße Zucker nur braun gefärbt wird, unterscheidet er sich nicht vom weißen Zucker. Haftet noch restliche Melasse am Zucker, dann befinden sich auch Melasse-Inhaltsstoffe im Zucker. Dies können Mineralstoffe (vor allem Kalium, Aminosäuren und Vitamine) sein, doch sind diese Mengen fast immer so gering, dass sie nicht wesentlich zur Nährstoffversorgung beitragen können. Der Kalorien- und Kohlenhydratgehalt beider Zuckersorten ist nahezu identisch. Brauner Rohzucker ist also weder gesünder, noch besser für die Figur. Ein spezieller Zuckertyp ist brauner Zucker aus eingedampftem Rohrsirup, wobei frisch gepresster Zuckersaft in ein trockenes, braunes Zuckergranulat eingedampft wird. Bei diesem Zucker findet man noch ansehnliche Mengen von Mineralien und Vitamin B. Von „gesund" ist trotzdem nur mit Vorbehalt zu sprechen, schließlich ist der Hauptbestandteil nach wie vor Zucker. Brauner Rohzucker hat einen höheren Wassergehalt als Raffinade und verdirbt deshalb leichter, während der weiße Zucker hoch gereinigt nahezu unbegrenzt haltbar ist.

15. Was ist Demerara Zucker?

Demerara ist brauner Rohrzucker, erzeugt aus raffiniertem rohen Rohrzucker.

Demerara ist leicht klebrig und grobkörnig (Kristallgröße 1 mm) und mild im Geschmack. Neben seiner Verwendung als Süßmittel für Kaffee wird Demerara auch bei der Herstellung von Gebäck und Süßigkeiten verwendet. Der Melassegehalt beträgt ca. 1–3 %.

16. Was versteht man unter Muscovado Zucker?

Muscovado ist der ungereinigte und unraffinierte braune Rohrzucker.

Ein Zucker von dunkler Farbe, intensivem Aroma und in einer geringeren Kristallgröße als Demerara Zucker (ca. 0,3–0,4 mm). Man unterscheidet „Hellen Muscovado" (milder Geschmack nach Melasse und Karamell) mit ca. 5 % Melasseinhalt und 95 % Sukrose, und dunklen Muscovado (intensiver Geschmack von Rohrzuckermelasse, Lakritze und Karamell) mit ca. 8–10 % Melasse und 90 % Sukrose. Muscovado wird vorwiegend auf Mauritius produziert.

17. Wie unterscheiden sich Demerara und Muscovado von weißem Haushaltszucker?

Der Unterschied zu den anderen Zuckerstoffen, die für das Süßen von Kaffee verwendet werden, liegt vorrangig im aromatischen Geschmack.

18. Ist Honig besser als Zucker?

Honig besteht größtenteils aus Zucker, schmeckt aber süßer und hat etwas weniger Kalorien.

Zwar enthält Honig bestimmte Enzyme, mehr Vitamine und mehr Mineralstoffe als Haushaltszucker, die zusätzlichen Mengen sind aber nur gering. Honig ist jedoch sicherlich intensiver im Geschmack und daher nicht jedermanns Sache im Kaffee.

19. Was ist Kandiszucker?

Als Kandis werden Zuckerkristalle von unterschiedlicher Größe und Farbe bezeichnet, die aus konzentrierten, reinen Zuckerlösungen in mehreren Tagen auskristallisieren. Kandiszucker ist aber mehr für das Süßen von Tee als von Kaffee von Bedeutung.

20. Löst sich der Zucker immer gleich auf?

Weiße Raffinade löst sich schneller auf, was auf die besonders gleichmäßige Beschaffenheit zurückzuführen ist.

Daher eignet sich weißer Zucker sehr gut zum Süßen von Getränken wie Kaffee und Tee, aber auch zum Backen und Süßen von Desserts. Die Geschwindigkeit der Löslichkeit von Zucker ist eine Frage der Kristallgröße. Je größer die Kristalle, desto länger die Zeit, die der Zucker zum Auflösen braucht.

21. Was ist Instantzucker?

Instantzucker ist eine Raffinade, die sich sehr schnell in kalten und heißen Getränken auflöst.

Instantzucker besitzt bei gleicher Süßkraft wie weißer Zucker das doppelte Volumen, da er aus sehr feinen Partikeln (0,2–0,3 mm) besteht.

22. Wieviele Kalorien hat ein Kaffee mit Zucker?

Ein Kaffee (Tasse Filterkaffee von ca. 250 ml) mit zwei Zuckersticks enthält ca. 40 Kalorien.

Wenn jedoch nach dem Essen eine „Badewanne Latte Macchiato" mit dementsprechend viel Zucker genossen wird, dann kann man schon auf bis zu 300 Kalorien und mehr kommen, was wiederum einer kleinen Mahlzeit entspricht.

23. Wieviel Kalorien haben 100 g Zucker?

100 g Zucker haben 406 kcal – um diese Menge an Kalorien wieder abzubauen, müssten Sie ca. 70 min Tennis spielen.

Zum Vergleich: 100 ml Frischmilch enthalten ca. 40–80 kcal und zusätzlich ca. 4,5–5,0 g Zucker. Ein Stück Würfelzucker entspricht 3 g Zucker. In einer Dose „Iced Coffee" aus dem Supermarkt sind bis zu 5 Stück Würfelzucker enthalten. In einer Flasche Tomatenketchup sind vergleichsweise 24 Stück oder 72 g Zucker oder ca. 300 kcal enthalten.

24. Wieviel kg Zucker isst der Deutsche pro Jahr?

45 kg pro Jahr – das sind 125 g täglich oder 25 Teelöffel.

Aus einer Zuckerrübe entstehen ca. 30 Stück Würfelzucker, aus 10 Rüben ca. 1 kg Zucker.

25. Wieviel Zucker soll man in den Kaffee geben?

Die Dosierung ist letztendlich das Um und Auf.

Für Filterkaffee gilt generell eine Menge von 0,5 % Gewichtsprozent als ideal. Espresso verträgt mehr, bis 2 %. Zum Vergleich: ein Stück des traditionellen Würfelzuckers (3 g) gibt ca. 2 % Zucker in eine 1,5 dl Tasse Filterkaffee ab. 1/4 eines Zuckersticks (5 g) gibt ca. 4 % Zucker in den Espresso ab.

26. Welche Regeln für Kaffee und Zucker gibt es?

Filterkaffee:

- Zucker hilft generell schlechten Kaffees mit Geschmeidigkeit und abgerundeter Süße.
- Je mehr Robusta, desto dunkler kann der Zucker sein. Dunkler Muscovado geht gut zu Robusta bzw. robustalastigen Blends beim Espresso.
- Muscovado gibt Frucht und Säure an sehr bittere Kaffees ab.
- Muscovado in kleinen Mengen (0,5 %) bringt eine natürliche Süße in den Kaffee. Es handelt sich dabei aber um ein anderes Geschmacksprofil – ähnlich wie beim Wein müsste die Frage zur richtigen Zuckerwahl lauten: in welche Richtung tendieren Sie?
- Zucker gilt als der Freund der schlechten Kaffees, doch das ist nicht immer so – manchmal verstärkt er sogar einen schlechten Kaffeegeschmack, besonders in hohen Dosen. Zum Teil werden sogar angenehme Säuren in scharfe Säuren verwandelt, ähnliche Dinge geschehen bei der Bitterkeit.
- Je mehr Säure der Kaffee hat, desto mehr Zucker kann man verwenden.

Espresso:

- Zucker kann sich durchaus positiv auf Espresso auswirken (keine Generalisierung).
- Zucker verändert das Geschmacksprofil (wie z.B. beim Kochen – hier kann die Beigabe von Zucker einer Sauce einen komplett anderen Charakter verleihen).
- Generell macht der Zucker den Kaffee runder, weicher, und „süßer", doch das kann gerade bei Topkaffees oft zu Lasten der Raffinesse gehen.

27. Soll man Kaffee zuckern oder nicht?

Generell kann man sagen, dass Zucker durchaus viele positive Auswirkungen auf das Geschmacksprofil von Kaffee haben kann.

Natürlich hängt dies auch von persönlichen Vorlieben, Traditionen und der Landeskultur ab. Ein Italiener wird Espresso immer mit (weißem) Zucker trinken. Doch muss man gerade einen Muscovadozucker als Bereicherung sehen, der mit Aroma und Würze neue Geschmacksrichtungen und -profile eröffnet. „Neue Zucker" geben mehr Möglichkeiten, seinen persönlichen Geschmack zu finden.

28. Warum ist Zucker eigentlich klebrig?

Für den Klebe-Effekt ist der Wasserstoff verantwortlich.

Die Klebewirkung von Zucker ist sehr eindrucksvoll. Aber wie schafft Zucker das eigentlich? Merkwürdigerweise klebt Zucker ja auch wenn man ihn nur in der Hand hält. Innerhalb von kurzer Zeit haften die Finger zusammen, als wären sie mit Klebstoff bestrichen worden. Zucker besteht aus Kohlenstoff-, Sauerstoff- und Wasserstoffatomen. Zusammen bilden die Atome ganz viele kleine Zuckerkristalle, für den Klebe-Effekt ist jedoch ganz allein der Wasserstoff verantwortlich. In der Chemie hat Sauerstoff das Symbol „O", Wasserstoff das „H". Ein Zuckerkristall wird durch feste Verbindungen zwischen den Sauerstoff- und den Wasserstoffatomen, den so genannten OH-Brücken, zusammengehalten. Das O hat viele negativ geladene Elektronen und zieht an dem nur schwach negativen Wasserstoff. Auf diese Art versucht der Sauerstoff einen Ausgleich zu erhalten. Dieser Prozess läuft nur ab, wenn Zucker mit Flüssigkeit in Berührung kommt. Im Tee, Kaffee oder beispielsweise auch im Schweiß auf der Haut ist diese in ausreichender Menge vorhanden. Die Flüssigkeit sprengt die sonst fest zusammen sitzenden Wasserstoffbrücken auseinander. Der Zucker bildet jetzt nicht mehr untereinander Wasserstoffbrücken, sondern mit allem, mit dem er in Berührung kommt – und er klebt.

29. Was passierte bei der großen EU Zuckerreform?

Die Zuckerreform veränderte den globalen Zuckermarkt.

Die EU Zuckerreform brachte globale Veränderungen am Zuckermarkt und machte die EU vom Exporteur zu einem Hauptimporteur für Zucker. Zahlreiche Firmen wurden in Europa mittels EU-Förderungen quasi geschlossen. Es kam zu einer Reduktion der Zuckerrüben und Zuckerpreise um bis zu 40 %. Hintergrund ist der, dass bis heute nur wenige Länder überhaupt in der Lage sind zum Weltmarktpreis Zucker zu produzieren (außer Brasilien und einige Länder Afrikas). Darüber hinaus bieten jedoch aktuell Börsespekulanten und Zucker als Treibstoff neue Probleme am Weltmarkt.

30. Wer ist was im Zuckermarkt?

Die größten Zuckerfirmen innerhalb der EU:
- Südzucker
- Nordzucker (neuerdings mit Danisco Dänemark)
- British Sugar
- Téréos

Die größten Zuckerkonsumenten und zugleich -produzenten:
- Indien
- EU
- Brasilien
- USA

Die größten Zuckerimporteure neben EU und USA:
- Russland
- Indonesien
- Südkorea

31. Wo wird der Weltmarktpreis für Zucker ermittelt?

Grundsätzlich an den Börsen von New York und London.

Der weltweite Zuckerpreis ergibt sich durch den Handel von Futures und Optionsscheinen an den Warenterminbörsen vor allem an der New York Board of Trade (CSCE, Bestimmung des Rohzuckerpreis) und an der London International Financial Futures and Options Exchange (Bestimmung des Weißzucker-Preises).

32. Gibt es auch bei uns in Europa Zuckerrohrpflanzen?

Die Zuckerpflanzen, die bis zu 6 m hoch werden, benötigen viel Hitze und Wasser und kommen in Europa nur in Spanien, Portugal und Madeira vor.

33. Was ist aromatisierter Zucker?

Das sind Zucker die mit künstlichen oder natürlichen Aromen versetzt sind.

Die trendige Palette reicht von Orange über Anis, Nelke, und Vanilleschote bis hin zu Zimt oder Amaretto.

34. Was hat es mit dem Zuckersirup in der modernen Coffeeshop-Szene auf sich?

Ähnlich wie beim aromatisierten Zucker gibt es als Zutat zu diversen Kaffeegetränken oft auch Sirup, der mit natürlichen oder künstlichen Aromen versetzt wird.

Heute gibt es bis zu 100 verschiedene „Flavors" wobei diese zusammen mit den Klassikern Läuterzucker, Grenadine und Lime Juice auch zu den Grundstoffen für das Mixen von Cocktails zählen.

35. Was ist Glukosesirup?

Glukosesirup ist ein Zuckeraustauschstoff, eine konzentrierte Zuckerlösung, die – wie Maltit (oder Maltitol) – aus kohlenhydratreichen Pflanzen wie Mais, Kartoffeln oder Weizen gewonnen wird.

Die Gewinnung erfolgt chemisch oder durch Enzyme. Der Glukosesirup findet heute auch vielfach Einsatz in der produzierenden Industrie als Ersatz für den teuren Rüben- oder Rohrzucker.

36. Was sind Zuckerersatzstoffe?

Man unterscheidet synthetisch hergestellte oder natürliche Zuckerersatzstoffe.

Die Süßkraft bei natürlichen Zuckerersatzstoffen ist meist wesentlich höher als bei Saccharose (bis zu 3000-fach süßer), doch viele Süßstoffe, wie zum Beispiel das natürliche Stevia, sind in der EU oder der Schweiz noch nicht zugelassen. Natürliche Süßstoffe beeinflussen den Insulin- und Blutzuckerspiegel meist nicht und haben oft auch wenig bis gar keine Kalorien. Künstliche Süßstoffe sind aus gesundheitlichen Gründen nicht unumstritten, und aus geschmacklicher Sicht eher untauglich. Bei vielen Zuckerersatzstoffen ist anzumerken, dass diese nicht den im Zucker vorhandenen natürlichen Stopp-Mechanismus besitzen, der unserem Körper das gewünschte Ende der Zucker-Aufnahme signalisiert.

„Die Reinigung von Kaffeemaschinen ist eines der meist unterschätzten Themen in Bezug auf die Kaffeequalität.“

a.) Reinigung der Brühteile (Brühkopf, Brühschacht)

1. Wie wichtig ist das Reinigen von Kaffeemaschinen für die Kaffeequalität?

Generell ist das Reinigen von Kaffeemaschinen das Um und Auf für den guten Kaffee.

In der Gastronomie sowie auch zu Hause ist das Reinigen der Kaffeemaschine ein tägliches „Must-do". Die Kaffeemaschine muss von Ölen, dem so genannten Kaffeefett, aber auch von Bakterien und Schwebestoffen befreit werden.

2. Was ist Kaffeefett und warum muss es entfernt werden?

Kaffeebohnen enthalten je nach Herkunft und Röstung zwischen 9 und 16 % an ätherischen Ölen (= Kaffeefett).

Öle sind wichtig für den Kaffee, weil sie so genannte Geschmacksträger sind. Das Kaffeefett bildet bereits beim ersten Brühvorgang einen feinen Fettfilm, der mit jedem Brühvorgang weiter wächst. Das verbrannte Kaffeefett oxidiert innerhalb von ca. 24 Stunden und zersetzt sich, der Fettfilm wird ranzig. In Folge wird der Geschmack des Kaffees dadurch nachhaltig negativ beeinflusst, der Kaffee schmeckt sauer und ranzig und riecht schlecht. Fette im Kaffee sind Schutzfette, und kommen überall in der Natur vor, z.B. als pflanzliche, tierische oder menschliche Schutzfette. Eine Kaffeebohne besitzt ca. das 300fache an Schutzfett im Vergleich zum Körperfett eines Mitteleuropäers.

3. Wie sieht eine gute Reinigung aus?

Schnell, effizient, phosphatfrei und innerhalb eines Anbrühzyklus von rund 35–45 Sekunden.

4. Warum muss die Reinigung so schnell sein?

Der wichtigste Helfer bei der Reinigung ist das heiße Wasser (Hauptträger). Daher hat man nur einige Sekunden Zeit, den besten Effekt zu erzielen, solange bis sich das Wasser wieder abkühlt.

5. Was sind phosphatfreie Reinigungstabletten?

Heutzutage werden vorwiegend Tabletten für die Reinigung verwendet. Hier unterscheidet man zwischen phosphathaltigen und phosphatfreien Reinigern.

Einige Hersteller werben mit „phosphatfrei", verwenden vielfach jedoch phosphathaltige Ersatzstoffe. Ein Blick auf die Verpackung kann also auf keinen Fall schaden. Generell lösen sich Phosphate schlecht auf. Je mehr Phosphat, desto schlechter die Auflösung. Die richtige Auflösung ist jedoch immens wichtig. Denn entscheidend für die gute Reinigung ist das heiße Wasser! Jedes Grad ist wichtig. Denken Sie an die fettverschmierte Pfanne zu Hause! Nur mit heißestem Wasser tritt der beste Erfolg bei der Fettlösung ein! Phosphatfreie Tabletten lösen sich daher am schnellsten auf und reinigen effizient in 35–45 Sekunden, was der Zeit eines Brühvorganges entspricht. Phosphate werden als Zusatz in Reinigungs- und Waschmitteln verwendet, ihr Einsatz ist heute allerdings umstritten und in einigen Ländern (unter anderem in der Schweiz) verboten. Phosphate und Phosphatersatzstoffe ziehen bei der Rückführung in das Grundwasser Bleigehalte aus dem Gestein und führen es mit sich.

6. Was passiert ohne Reinigung bzw. durch schlechte Reiniger?

Saures Wasser, schlechter Geschmack und Bakterien. Die Crema fehlt.

7. Was ist von offen verpackten Tabletten oder Behältnisse mit offenen Tabletten zu halten?

Eine lose verpackte Tablette ist innerhalb einer gewissen Zeit wohl noch einsetzbar, allerdings nicht mehr gut wirksam, denn die Tablette zersetzt sich. Auch schlecht verblisterte Tabletten gasen aus und altern somit ebenfalls. Gut verpackte Blister sollten auch keine aufgeblähten Höfe vorweisen. Flache Höfe gelten als Qualitätskriterium und halten länger (kein Ablaufdatum).

b.) Entkalken

8. Was bewirkt Kalk?

Kalk ist der „Staatsfeind No1". Er lagert sich in der Maschine ab und verstopft die Leitungen.

Schon nach kurzer Zeit bildet sich Kalk in allen wasserführenden Teilen, wie Frischwasserbehälter, Wasserfilter, Flowmeter, Wasserpumpe und Thermoblock, die Pumpe und andere Teile werden defekt.

9. Wie entsteht Kalk?

Vorwiegend bei der Erwärmung des Wassers.

Das Wasser nimmt beim Versickern verschiedene Mineralstoffe auf (gelöste Magnesium- und Calciumionen). Diese Bestandteile sind im Trinkwasser wichtig für die Gesundheit und befinden sich im Leitungswasser im Gleichgewicht. Wird das Grundwasser jedoch erwärmt, werden aus diesen gelösten Ionen wieder unlösliche Verbindungen (Kesselstein). Aus Calciumcarbonaten wird Kalk, Wasser und Kohlendioxid. Der Kalk setzt sich an Leitungen, Perlatoren und Heizstäben in immer dicker werdenden Schichten an.

10. Wie sind die Eigenschaften von Kalk?

Der Kalk hat, wie wir aus erdgeschichtlichen Funden wissen, konservierende Eigenschaften. Er besitzt aber auch die Eigenschaft, hervorragend zu isolieren.

Leider ist es genau diese Eigenschaft, die in einem Boiler, Wasserkocher oder in einer Kaffeemaschine dazu führt, dass wir mehr Energie verbrauchen als wirklich erforderlich wäre.

11. Welche Entkalker gibt es?

Man unterscheidet zwischen organischen und anorganischen Entkalkern. Beide Produkte kommen heute meist flüssig auf den Markt. Alternativ werden auch Pulver oder Tabs angeboten.

12. Wodurch entkalken organische Entkalker?

Diese entkalken durch verschiedene organische Säuren wie Ameisensäure, Essigsäure, Milchsäure, Weinsäure, Zitronensäure, uvm.

Essigsäure wurde lange Zeit als Kalkentferner verwendet. Nachteile: Sie greift alle anderen Materialien und Teile an, wie Metalle, Dichtungen und Leitungen. **Zitronensäure** ist ein geruchloser und meist preiswerter Entkalker, vor allem wenn kalt entkalkt wird. Sie ist viel weniger korrosiv als Essigsäure und wird deshalb für die Entkalkung von Wasserkochern und einigen Kaffeefiltermaschinen, aber nur ganz selten für Kaffeevollautomaten empfohlen. Nachteile: Das aus dem Kalk gebildete Calcium-Citrat kann unter Hitze feinste Düsen und Leitungen verstopfen. Relativ neu am Markt sind Entkalker mit **Milchsäure, Weinsäure, Maleinsäure** und **Apfelsäure**. Die reinen Säuren werden gerne als Bio-Entkalker bezeichnet, doch ist diese Formulierung nicht aussagekräftig und irreführend, da alle organischen Säuren biologisch gut abgebaut werden!

13. Was sind anorgansiche Entkalker?

Für anorganische Entkalker wird zumeist die so genannte Amidosulfonsäure verwendet. Amidosulfonsäure wirkt extrem schnell und das Lösevermögen für Kalk ist sehr hoch.

Amidosulfonsäure ist eines der besten Mittel für Geräte-Entkalkung und wird im Profibereich schon lange in Tablettenform, meist aber flüssig eingesetzt. Die amidosulfonsäurehaltigen Entkalker sind zusammen mit den Errungenschaften der Nanotechnologie ebenfalls gut abbaubar. Amidosulfonsäure ist gut wasserlöslich, die Lösung reagiert sauer. Diese saure Basis der Säuren ist wichtig, da sonst die (Kalk-) Kristalle nicht ablösbar sind. Die genannten anorganischen Entkalker haben den Vorteil, dass sie bei einer Erhitzung bedeutend weniger ausgasen und dadurch die Kaffeemaschine weniger belasten.

14. Wie oft soll entkalkt werden?

Die Geräte sollten zumindest einmal im Monat entkalkt werden, bei sehr hohem Kalkgehalt auch öfters.

15. Was bewirken Bakterien?

In den Silikonschläuchen lagern sich schnell Bakterien ab, die eine geleeartige Schicht bilden, die das Wasser sauer macht.

Die sogenannten Aktivbakterien sterben ab, wenn das Wasser lange steht. Sie zerfallen und bilden die schlimmste Art von Bakterien: die Fäkalbakterien. Zusammen mit Staub und Schwefelstoffen aus der Luft bilden diese Bakterien in weiterer Folge saures Wasser und Schimmel!

16. Soll auch entkalkt werden, wenn eine Filterpatrone vorgeschaltet ist oder ein Wasserfilter benutzt wird?

Ja, den erstens besteht immer Restkalk (mehr oder weniger, sonst würde auch der Kaffee nicht schmecken!), zweitens müssen auch auftretender Schlamm und Bakterien beseitigt werden.

c.) Reinigung von Milchsystemen

17. Was sind Milchreiniger?

Hier unterscheidet man zwischen sauren und alkalischen Mitteln.

Alkalische Mittel sind umweltschonender und sorgen meist für eine schonende Reinigung bei Silikon, Gummi und Kunststoffen. Wichtig ist, dass der Milchstein entfernt wird. Milchstein ist Fett und Kalk, wobei der Reiniger den Milchstein zersetzen muss, da sonst die Düsen verstopfen. Erst wenn der „Cleaner" den Milchstein komplett auflöst, sorgt er für eine saubere, reine Oberfläche.

18. Wie oft soll der Milchreiniger eingesetzt werden?

Profireinigung/Bar-Restaurant: 1x täglich, zusätzlich die Milchdüse 1x pro Woche einlegen. Zu Hause: immer nach der Verwendung.

d.) Reinigung von Mühlen

19. Müssen auch Kaffeemühlen (mit Mahlscheiben) gereinigt werden?

Ja, als altes „Hausmittel" kann man trockenes Brot – ohne Rinde – in der Mühle mahlen (alternativ wird auch Reis eingesetzt).

Heute gibt es aber schon verschiedene Mittel auf der Basis lebensmittelechter Naturprodukte, die die Mahlscheiben und das Gehäuse der Mühle reinigen und auch von hartnäckigen Rückständen befreien, die zum Beispiel bei aromatisierten Kaffees entstehen.

awimac 2000®

CAFE clean

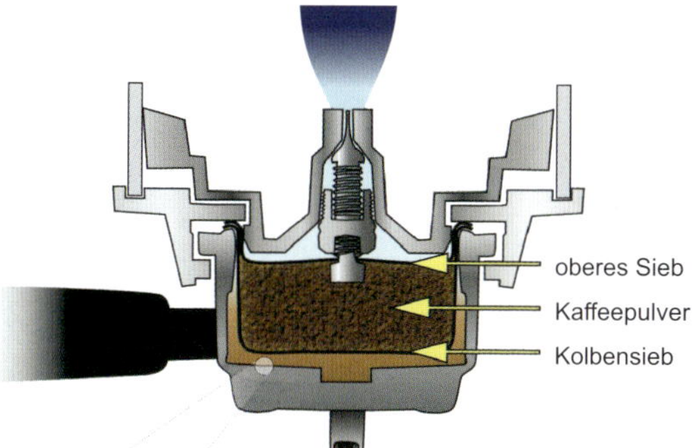

Kaffeebohnen enthalten je nach Herkunft und Röstung 10-16% ätherische Öle = Kaffeefett

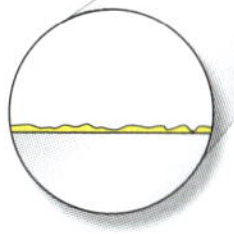

Das Kaffeefett bildet bereits beim ersten Brühvorgang einen feinen Fettfilm.

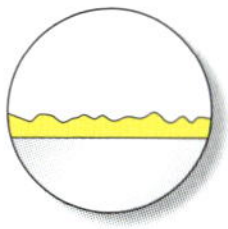

Mit jedem Brühvorgang wächst der Fettfilm und wird ranzig. Der Kaffee bekommt einen sauren, schlechten Geschmack.

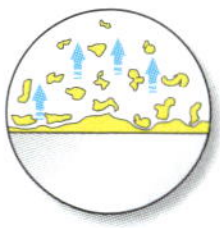

Awimac-Tabs lösen das Kaffeefett schnell, effizient und phosphatfrei aus Ihrer Kaffeemaschine.

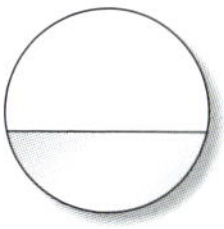

Aus der sauberen Maschine erhalten Sie wieder das volle Kaffeearoma mit einem schönen Schäumchen.

www.awimac.ch / awimac@awimac.ch

Santiago Otzin Patá

Der Künstler wurde im Jahre 1965 in San Juan Comalapa im Departement Chimaltenango in Gutatemala / Mittelamerika geboren. Er ist verheiratet, hat drei Söhne, lebt und arbeitet in San Juan Comalapa.

Künstlerischer Werdegang:
Patá ist Autodidakt, hat aber an zahlreichen Ausbildungsworkshops für Landschaftsmalerei teilgenommen – darunter an solchen mit Künstlern wie Jorge Masariegos und Carlos De Leoin Campos. Zahlreiche Einzel-, Gemeinschafts- und Internationale Ausstellungen folgten.

Santiago Otzin Patá zeigt Situationen aus dem Alltag der Kaffeefarmer im ländlichen Guatemala – gesehen durch das Auge und den Pinsel des Künstlers.

Kontakt mit dem Künstler: santiamistad@hotmail.com

Projekt- und Spendenwebsite: www.guatemalacup.com

awimac 2000®

POOL clean / CALC clean

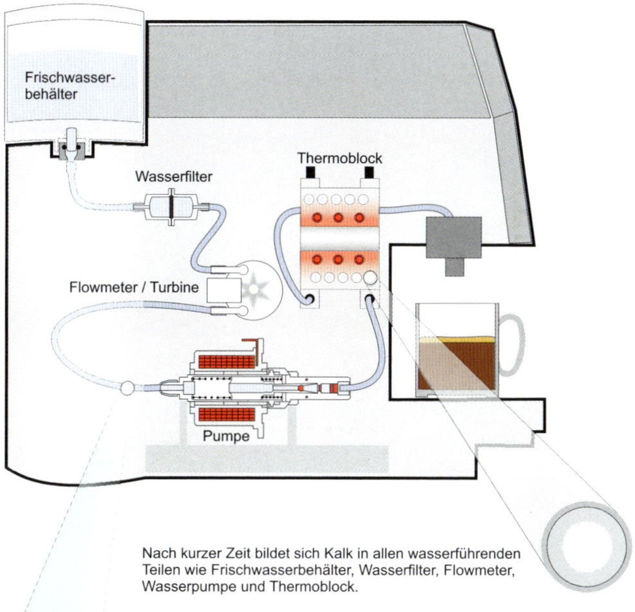

Nach kurzer Zeit bildet sich Kalk in allen wasserführenden Teilen wie Frischwasserbehälter, Wasserfilter, Flowmeter, Wasserpumpe und Thermoblock.

In den Silikonschläuchen lagern sich schnell Bakterien ab und bilden eine geelartige Schicht die das Wasser sauer macht.

Awimac 2000 POOL clean und **CALC clean** befreien alle Wasser-führenden Teile schnell, effizient und phosphatfrei von Kalk und Aktivbakterien.

Aus der entkalkten Maschine erhalten Sie wieder das volle Kaffeearoma.

www.awimac.ch / awimac@awimac.ch

Der Kaffee kommt in den Magen und alles gerät in Bewegung; die Ideen rücken an wie Bataillone der Grand Armeé auf einem Schlachtfeld.

Honoré de Balzac

1. Warum ist Wasser für den guten Kaffee so bedeutend?

Wasser ist Hauptbestandteil einer Tasse Kaffee und somit Voraussetzung für ein gutes Ergebnis in der Tasse!

Wasser ist ein sehr gutes Lösungsmittel und für den Geschmack des Kaffees entscheidend. Schließlich besteht der Kaffee bis zu 99 % aus Wasser. Wasser kommt aber in der Natur nicht in seinem reinsten Zustand vor. So sind im Trinkwasser viele verschiedene Substanzen vorhanden, natürliche Stoffe wie zum Beispiel Mineralien, die wiederum sehr wichtig für die Geschmacksentwicklung sind. Aber Rückstände aus der Umweltbelastung und Stoffe aus der regionalen Wasseraufbereitung kommen ebenfalls im Trinkwasser vor.

2. Welche Stoffe kommen in unserem Trinkwasser vor?

Es kommen Mineralien (anorganische Stoffe), organische – gelöste – Stoffe, Partikel und Mikroorganismen vor.

Zur Reinigung des Wassers werden bevorzugt so genannte Filterpatronen- oder Filtersysteme zur Wasserbehandlung verwendet. (Kartuschensysteme im Haushaltsbereich).

3. Worauf basiert die Wasserbehandlung?

Die Wasserbehandlung arbeitet meist mit dem Prinzip von Ionentauschern, Aktivkohle und Partikelfiltration.

Ziel der Wasserfiltration ist

- die Verhinderung der Kalkbildung
- die Entfernung von nicht erwünschten Geruchs- und Geschmacksstoffen
- das Eliminieren störender Partikel

4. Braucht man gutes Wasser für guten Kaffee?

Ja, denn für einen perfekten Kaffeegeschmack ist gutes Wasser Voraussetzung.

Informieren Sie sich bei Ihrem örtlichen Wasserversorgungsunternehmen über den Härtegrad Ihres Leitungswassers oder nehmen Sie – noch besser – selbst einen Test vor. Die Einstellung der Wasserparameter ist für den perfekten Kaffee unumgänglich. Verwenden Sie aber kein Mineralwasser für die Zubereitung von Kaffee (die Mineralien neutralisieren die feinen Säuren des Kaffees).

5. Welche Härtearten gibt es?

Beim Erhitzen fällen sich die Mineralien im Wasser in Kalkverbindungen aus. Man unterscheidet insgesamt vier verschiedene Härtearten im Wasser.

- **Die Gesamthärte** beschreibt alle im Wasser gelösten Calcium- und Magnesiumionen.
- **Gesamtsalzgehalt:** Natrium, Kalium, Eisen, Magnesium, Calcium, Kupfer, aber auch Hydrogenkarbonat, Sulfate, Chloride, Phosphate, Nitrate etc.
- **Carbonathärte** (temporäre Härte oder vorübergehende Härte): Mineralien, die beim Erwärmen als Kalk ausfallen und Kesselstein bilden.
- **Nichtcarbonathärte** (permanente Härte): gebundene Ionen, die keinen Belag oder Kesselstein bilden.

6. Wie wird die Gesamthärte festgelegt?

Die Gesamthärte des Wassers wird in deutschen Härtegraden (°dh) gemessen, auch wenn die EU bereits neue Angaben vorschreibt.

Die Regelung für Deutschland wurde seit Mai 2007 in Millimol Calciumcarbonat je Liter festgelegt. Die Wasserversorgungsunternehmen werden wohl weiterhin auch die Gesamthärte veröffentlichen, dies ist im Gesetz aber nicht vorgeschrieben. Die neuen Härtebereiche unterscheiden sich kaum von den bisherigen. Nur „sehr hart" ist verschwunden und wird in der Kategorie „hart" zusammengefasst.

Härtebereich	Millimol Calciumcarbonat je Liter	°dH
weich	weniger als 1,5	weniger als 8,4 °dH
mittel	1,5 bis 2,5	8,4 bis 14 °dH
hart	mehr als 2,5	mehr als 14 °dH

7. Wie entsteht Verkalkung?

Im Leitungswasser befinden sich alle Bestandteile des Wassers im Gleichgewicht, durch Druck- oder Temperaturerhöhung wird dieses Gleichgewicht jedoch zerstört.

Besonders durch Erhitzen bilden sich aus den gelösten Ionen unlösliche Verbindungen (Kesselstein). Die sogenannte Kalkausfällung schlägt sich an den heißesten und rauesten Gefäßwänden nieder, in immer dicker werdenden Schichten.

8. Was ist der pH-Wert?

Der pH-Wert gibt an, wie sauer oder alkalisch (basisch) das Wasser ist.

Der pH-Wert wird mit den Werten von 0 bis 14 angegeben. Der Wert 7,0 stellt ein Neutralprodukt dar, darunter spricht man von sauer, darüber von alkalisch. Leitungswasser hat einen pH-Wert von 6,5 bis 9,5 je nach Region. Generell hat weiches Wasser (wenig Kalk) einen geringen pH-Wert (sauer) und hartes Wasser (viel Kalk) einen höheren Wert (alkalisch). Saures Wasser betont die Säuren im Kaffee, die aufgrund der Sorte (Arabicas mit hohem Säureanteil) oder einer zu hellen Röstung entstehen können. Dadurch entsteht ein unangenehmer saurer Geschmack. Umgekehrt kann ein basischer Charakter eines Kaffees die feinen (erwünschten) Säuren einer Sorte neutralisieren. Der Kaffee schmeckt flach und schal.

9. Die idealen Werte für Kaffee:

Stets frisches, kaltes Wasser verwenden!

- Gesamthärte 5–9 °C
- pH-Wert: 7,0 (neutral)
- sauerstoffhaltig
- geringe Carbonathärte

10. Wie wird hartes Wasser weich gemacht?

Dies passiert mittels sogenannter Ionentauscher.

Ionentauscher sind ein unlösliches, organisches Material, das die Aufgabe hat, Calcium- oder Magnesiumsalze im Leitungswasser zu reduzieren. Das harte, kalkhaltige Wasser durchfließt das Austauschmaterial, das mit Wasserstoffionen angereichert ist. Die im Wasser enthaltenen Calciumionen, die für die Wasserhärte verantwortlich sind, lagern sich an das Austauschmaterial an. Gleichzeitig werden Wasserstoffionen an das Wasser abgegeben. Dieser Vorgang heißt Ionenaustausch. Das Wort „Ion" kommt aus dem Griechischen und bedeutet soviel wie „wandern". Umgekehrt kann auch zu weiches Wasser hart gemacht werden, wobei in auch diesem Fall der pH-Wert korrigiert wird. Der Vorgang wird durch Mineralgranulate eingeleitet.

11. Was beeinflusst außer Härte und pH-Wert sonst noch unser Wasser?

Das können organische Stoffe oder Aufbereitungsstoffe sein.

Organische Inhaltsstoffe können in geringsten Mengen auftreten:

- Rückstände von Pflanzenschutzmitteln, Lösemitteln etc.
- Natürliche Stoffe aus der Versickerung
- Partikel

Aufbereitungsstoffe durch die regionalen Wasseraufbereiter:

- Chlor zur Desinfektion
- Chlororganische Verbindungen
- Mittel zur Beseitigung von Trübstoffen
- Stoffe zur Entfernung von Eisen und Mangan

Schon kleinste Mengen Chlor wirken sich negativ auf den Geschmack des Kaffees aus!

12. Wie bringt man Schadstoffe, Partikel, Chlor etc. aus dem Wasser heraus?

Durch Aktivkohle und Partikelfilter.

- **Aktivkohle** ist ein bei 500 °C bis 800 °C fast vollständig verkohltes Material, das aus Roh- oder Altstoffen wie z.B. Stein- oder Braunkohle, Holz, alten Autoreifen oder Kokosnussschalen hergestellt wird. Ein Naturprodukt also, mit einer sehr großen, inneren Oberfläche. So ist Aktivkohle in der Lage, ein breites Spektrum von Substanzen zu absorbieren (meist organische Moleküle wie z.B. Pestizide). In den Wasserfiltern sind es geruchs- und geschmacksstörende Stoffe wie z.B. Chlor.

- **Partikelfilter** sind meist mechanische Filtrationsstufen, die in der Lage sind, Partikel auf verschiedenste Art und Weise aus dem Wasser zu entfernen.

13. Einige Tipps zusammengefasst:

- Filtertechnik ist für jede Art von Kaffeemaschinen notwendig.
- Härteeinstellung auch - daher muss als allererstes eine Wasseranalyse durchführt werden.
- Das Reinigen und Entkalken der Maschinen ist trotzdem Pflicht (Schlamm/ Bakterien/Kaffeefette/Milchrückstände etc.).
- Es muss entkalkt werden, auch wenn ein Filter vorgeschaltet ist! Wasser ohne Kalk ist schlecht für den Geschmack. Der richtige Wert ist ca. 8 °dh für den idealen Kaffee. Es kommt also Kalk im Wasser vor, auch wenn enthärtet wurde. Durch ein sogenanntes „by-pass System" wird unbehandeltes Wasser dazugemischt, damit Härte und pH-Wert wieder steigen.

14. Welche Schäden können auftreten, wenn man den Faktor Wasser unbeachtet lässt?

Kalk verringert die Lebensdauer und die Leistungsfähigkeit der Maschine und kann zu einem Maschinenstillstand oder -ausfall führen. Höhere Servicekosten führen zu mehr Energieverbrauch und –kosten.

Darüber hinaus können weitere Schäden auftreten:
- Saures Wasser sorgt dafür dass Dichtungen, Leitungen und Bauteile zerfressen werden.
- Partikel im Wasser zerstören die Magnetventile und erzeugen ebenfalls höhere Wartungskosten.
- Unzufriedene Kunden entstehen:
  -Durch einen unhygienischen Eindruck:
  Flecken und Schlieren auf Gläsern und Tassen.
  -Geruchsstoffe erzeugen schlecht schmeckende und riechende Getränke.

15. Braucht man das Glas Wasser zum Kaffee?

Kaffee entzieht dem Körper zwar kein Wasser, neutralisiert aber den Gaumen.

In der klassischen Wiener Kaffeehauskultur ist das Glas Wasser obligat. Durch das Wasser kommen die Kaffeearomen besser zur Geltung. Also gilt immer: ein Schluck Kaffee, ein Schluck Wasser. Des weiteren werden die Reizstoffe mit Wasser rascher aus dem Magen abtransportiert. Darüber hinaus kann ein Schluck kaltes Wasser bei einem zu heißen Getränk am Gaumen die Geschmacksnerven wieder regenerieren. Die richtige Trinktemperatur beträgt zwischen 7 und 15 °C – also Wasser kühl, aber nicht eiskalt trinken.

16. Welche Regeln gelten für das Wasser zum Kaffee?

Mineralwasser eignet sich bestens als Kaffee-Begleiter. Wasser sensibilisiert die Geschmackswahrnehmung und lässt damit die verschiedenen Kaffeearomen von Robusta und Arabica besser zur Geltung kommen

Es gelten dabei folgende Regeln:

- Je schlechter der Kaffee (Reiz- und Bitterstoffe, Säuren), umso mehr Kohlensäure. Das Mineralwasser verdünnt und hilft Reizstoffe schnell abzutransportieren.
- Wasser mit hohem Hydrogencarbonat-Gehalt neutralisiert die säurebildenden Stoffe des Kaffees und beugt somit Sodbrennen, Völlegefühl und Übelkeit vor.
- Arabica Bohnen mit ihren oft feinen (erwünschten) Säuren gehen auch gut mit wenig oder milder Kohlensäure zusammen.
- Trinken Sie schwarzen, sortenreinen Lagen-Kaffee, empfiehlt sich ein Mineralwasser ohne Kohlensäure.
- Bei einem Kaffee mit Milch und Zucker sollte man zu Wasser mit milder Kohlensäure wechseln. Es hilft dem Magen bei der Verarbeitung.

17. Soll man trotz Wasserfilter reinigen und entkalken?

Ja, denn ein Restkalk ist immer vorhanden! Außerdem sollte das Reinigen von Bakterien und Kaffeefett-Rückständen unabhängig von der Behandlung des Wassers mit den hier beschriebenen Systemen für jeden Kaffeeliebhaber absolutes Pflichtprogramm sein.

KÄRNTNER MESSEN
KLAGENFURT

GAST

Die Fachmesse für Gastronomie und Kaffee jedes Jahr im März

Internationale Fachmesse für Gastronomie und Hotellerie für Südösterreich und den Alpen-Adria-Raum

MESSE

erfrischend anders

MESSEGELÄNDE KLAGENFURT
www.gast-klagenfurt.info

„Schlaf ist kein adäquater Ersatz für Koffein."

Unbekannter Autor

1. Was steckt hinter dem Trendprodukt Kaffeepads?

Geschlossene und offene Systeme, Softpads und Espressopads, mehr als 20 verschiedene Formen und Größen, ca. 100 Maschinenanbieter und mehr als einige hundert Kaffeeröster, die das „beste Pad" bewerben, machen die Situation für den Käufer und Kunden am Padmarkt nicht unbedingt einfacher.

Welche Begriffe sind für den „Pad-Profi" unumgänglich?

- Pad: ist der gängige, deutsche Ausdruck für eine Kaffeeportion, die in Papier, Plastik oder Folie eingeschweißt ist.

- Softpads: sind lose Kaffeeportionen, die in speziell dafür konzipierten Maschinen gebrüht werden. Der Kaffee ist lose und nicht gepresst. Bekanntester Anbieter: Senseo Pads von Douwe Egberts (Sara Lee Konzern).

- Espressopads oder Cialde (ital.): in Italien von Francesco Illy erfunden. Eine Art „Espresso Convenience", die es fast jedem Anwender ermöglicht, einen annähernd perfekten Espresso zuzubereiten. Die ursprünglichen Cialde sind 7 g Einzelportionen, gemahlen, in Filterpapier eingeschweißt, gepresst und durch Sauerstoffentzug bzw. Stickstoffzufuhr für mindestens 1 Jahr haltbar gemacht.

- E.S.E.: Das bedeutet Easy Serving Espresso und ist eine Norm, der sich die meisten Kaffeemaschinenhersteller (zumindest in Italien) angeschlossen haben: 7 g einzelverpackter Espresso, fein gemahlen und gepresst. Durch die Anwendung in mit E.S.E. gekennzeichneten Maschinen kann man am Markt seinen Kaffee frei wählen. Fast alle großen Röster bieten mittlerweile E.S.E. genormte Cialde an.

- Geschlossenes System: das sind Systeme, die nur in der Kombination von einer bestimmten Maschine und einem bestimmten Pad funktionieren. Man kann als Kunde (meist) nur den Kaffee eines Anbieters verwenden. Bekanntester Anbieter: Nespresso.

- Dual System: sind meist E.S.E.-Systeme, die auch mit gemahlenem Kaffeemehl funktionieren (unter Verwendung eines zweiten Siebträgers).

- Kapselsystem: das sind Pads, die statt in Filterpapier in einer Kapsel eingeschweißt sind. Bekannteste Vertreter: Lavazza und Nespresso.

- Offenes System: ist E.S.E.-Norm. In einer E.S.E.-Maschine können die Kaffeeportionen verschiedener Hersteller verwendet werden.

- Monodose: steht auf fast jeder italienischen Cialdeverpackung und bedeutet Einzelportion.

- Pod: ist die englische Bezeichnung für Pad.
- Einzelportionssystem (Single Portion): ist der Sammelbegriff für alle Padsysteme.
- Easy Servings oder Servings: der Name, den illy caffè seinem Cialde gegeben hat.

2. Was sind die Vor- und Nachteile eines offenen Systems?

Grundsätzlich sind offene Systeme in der Anschaffung der Maschinen teurer, aber in der Verwendung der Pads („Software" Kaffee) günstiger.

Darüber hinaus gibt es eine riesige Auswahl aus den Produkten der verschiedensten Kaffeeröster.

3. Was sind die Vor- und Nachteile eines geschlossenen Systems?

Der Nachteil liegt bei der Zwangsbindung an den Produzenten für Kaffee und an der Abhängigkeit im Preis.

Ist man mit dem Kaffeeröster und dessen Produkten zufrieden, gibt es also kein Problem. Mittlerweile bieten die Hersteller ein immer größeres Produktportfolio an. Will man den Kaffeeproduzenten wechseln, muss man sich allerdings eine neue Maschine kaufen.

4. Wie sieht es mit dem Umweltgedanken der Pads aus?

Die Kapseln bestehen aus Aluminium oder aus Kunststoff, und auch die E.S.E.-Cialde sind mit dem Papier in Alufolie eingeschweißt. Jede Einzelverpackung ist umwelttechnisch gesehen Verschwendung.

Einige Produzenten (z.B. Nespresso) bieten zwischenzeitlich Recyclingsysteme und -möglichkeiten an.

5. Was ist zum Preisgefüge der Pads zu sagen?

Grundsätzlich sind Einzelportionen bei allen Produkten teurer als Großpackungen.

Hier die Preise im Überblick:

- Filterkaffee: ca. 5–6 Cent pro Tasse
- Kapseln: von 25–35 Cent
- Softpads Markenprodukte 12–15 Cent
- Softpads Disconter/Supermarkt: 8–10 Cent
- E.S.E.-Pads/Espresso: von 22 – ca. 30 Cent

Die hier angeführten Preise sind relativ, weil es auch davon abhängt, welcher Kaffee in die Pads verarbeitet wurde. Billiger Kaffee bleibt billig, egal in welcher Verpackungsgröße.

6. Gibt es professionelle Padsysteme für die Gastronomie?

Padsysteme halten Schritt für Schritt auch Einzug in die Gastronomie.

Mittlerweile werden Geräte für den professionellen gastronomischen Bedarf (klein- und mittelgroßer Bedarf) sowie auch als Lösung für das Zweitgerät und den Event- und Cateringbereich entdeckt. Nachfolgend finden Sie die Vorteile auf einen Blick.

Erweiterung der Kaffeekarte für Lagen- und Länderkaffees:

- Keine Anschaffungskosten und kein Aufwand für Zweit- oder Drittmühlen
- Easy Fast Clean
- 100 % Abrechungs- und Kostenkontrolle
- Keine Verschwendung (einzeln verpackt)
- Optimale Frische (luftdicht mit Stickstoff verpackt)
- Perfekte Mahlung, Gewicht und Pressung (bei Espressocialde, E.S.E.)
- Kostenersparnis bei Maschinen (weniger Service)
- Perfekte koffeinfreie Lösung für Qualitätsespressi!
- Lange Haltbarkeit

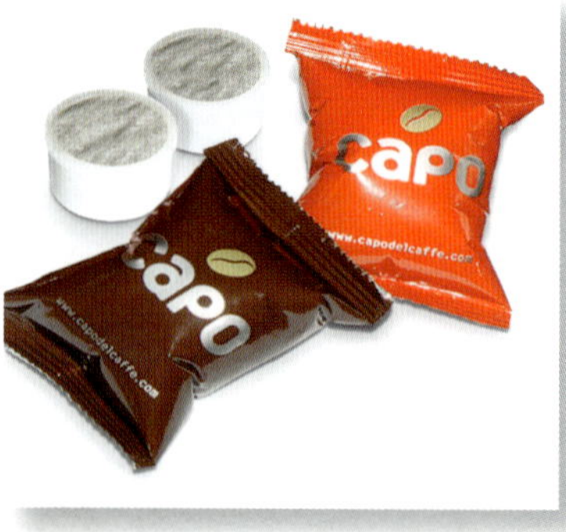

7. Sind Pads Espressokaffee?

Teilweise, das hängt von den Pads ab.

Generell unterscheidet man zwischen Softpads und Espressopads. Letztere wurden schon in den siebziger Jahren von Francesco Illy erfunden (ital. „cialde"), haben aber mit den Pads à la Senseo, Tassimo, MyCup & Co nichts gemeinsam. Softpadskaffee ist kein Espresso im Sinne der Definition des Getränks.

Der Geschmack
ist die Kunst, ssich auf Kleinigkeiten
zu verstehen.

Jean-Jacques Rousseau

1. Was ist Milch?
Milch ist biologisch gesehen eine tierische Flüssigkeit, die nahrhaft und zur Ernährung der Aufzucht bestimmt ist.

Milch ist
- eine Öl-in-Wasser-Emulsion von Butterfett und Proteinen in einer wasserbasierten Flüssigkeit.
- ein Kolloid (System von kleinen Festkörpern in einer Flüssigkeit) aus Caseinmizellen, kugelförmigen Proteinen und Lipoprotein-Partikeln.
- eine Lösung aus Laktose, löslichen Proteinen, Mineralien, Vitaminen und anderen Stoffen.

2. Woraus besteht die Kuhmilch?

	Wertebereich, %	Durchschnittswert, %
Wasser	85,5–89,5	87,0
Total Löslich	10,5–14,5	13,0
Fett	2,5–6,0	4,0
Proteine	2,9–5,0	3,4
Laktose	3,6–5,5	4,8
Mineralien	0,6–0,9	0,8

3. Was passiert beim Erhitzen?
Beim Erhitzen erfahren die Proteine in der Milch eine starke irreversible Veränderung (Denaturierung).

- Die Proteine gerinnen und verklumpen (koagulieren).
- Die Bindungseigenschaften zu Wasser werden erhöht.
- Die Löslichkeit der Laktose im Wasser erhöht sich, was der Milch einen leicht süßlichen Geschmack verleiht.

4. Wie entsteht die Haut auf der Milch?
Durch das Kochen!

Die Haut auf der Milch wird durch das Protein Albumin verursacht. Wird die Milch zu hoch erhitzt, dann gerinnt das Albumin und setzt sich als Schicht auf der Oberfläche ab.

5. Wodurch entsteht der typische verkochte Geschmack von Milch?

Durch die Gerinnung von Beta-Lactoglobulin bei zu stark erhitzter Milch.

6. Was bestimmt die wesentlichen Eigenschaften von aufgeschäumter Milch?

Diese Eigenschaften werden von Proteinen, einem Komplex aus Kasein (k-Kasein) und Milchserum-Proteinen (Molkenproteinen) bestimmt.

Serum-Proteine sind besser wasserlöslich als Kaseine wenn sie thermisch denaturiert werden. Natürliche Serum-Proteine besitzen gute Gelier- und Aufschlageigenschaften. Die Denaturierung erhöht das Wasserverbindungspotential. Caseinmicellen sind bemerkenswert stabil bis zu Temperaturen von 140 °C. Im Gegensatz dazu sind Serum-Proteine relativ hitzelabil. Bereits bei 80 °C tritt eine extensive Denaturierung auf.

7. Welche Bedeutung hat die Milch im Zusammenhang mit Kaffee?

Nicht weniger als 1/3 aller Kaffeegetränke werden im deutschsprachigen Raum mit Milch (oder Sahne) getrunken.

Ob nun Caffè Latte, Cappuccino, Melange, Milchkaffee oder Latte Macchiato, Milch ist im klassischen Kaffeehaus und im modernen Coffeeshop nicht wegzudenken. Je schlechter allerdings die Kaffeequalität, desto mehr wird der Kaffee mit Milch, Zucker oder Sirup „verändert". In Skandinavien, traditionell einem Land des guten Kaffees, wird Kaffee fast immer schwarz getrunken.

8. Welche Konservierungsverfahren gibt es?

Fast alle Milchsorten werden durch Wärmebehandlung haltbar gemacht. Hierfür gibt es verschiedene Verfahren, doch nicht jede Milch, die haltbar gemacht wurde, lässt sich noch aufschäumen.

Bei der Milchbehandlung werden Schmutzstoffe und zum Teil auch Mikroorganismen abgeschieden. In der modernen Molkereitechnologie werden zusätzlich spezielle Filtrationsverfahren eingesetzt, um eine Reduktion der Mikroorganismen zu erreichen. Dadurch verlängert sich die Haltbarkeit der Milch.

Konservierungsverfahren im Überblick:

Pasteurisieren

a.) Kurzzeiterhitzung/HTST (high temperature short time)
- Erhitzung auf 72–75 °C für mindestens 15–20 Sekunden
- Bei kühler Lagerung mindestens 4–6 Tage haltbar
- Bezeichnung: Frischmilch

b.) Ultrahocherhitzung/UHT (ultra high temperature)
- 125–135 °C, mindestens 1 Sekunde
- Nahezu alle Mikroorganismen werden zerstört
- Veränderter Geschmack
- Nährwerte werden reduziert
- Bei kühler Lagerung 3–6 Monate haltbar
- Bezeichnung: H-Milch

c.) Fallstromerhitzung:
- Vorerhitzung auf 75–80 °C und dann mittels Dampf für einige Sekunden auf mindestens 125 °C
- Bezeichnung: ESL-Milch (Extended Shelf Life) oder „längerfrische" Milch
- Bei kühler Lagerung ca. 12–21 Tage haltbar; nach dem Öffnen binnen weniger Tage zu verbrauchen

d.) Sterilisieren:
- 110–120 °C, ca. 10–30 Minuten
- Die Milch ist annähernd keimfrei
- Ungekühlt sechs bis zwölf Monate haltbar

e.) Homogenisieren:
- Mechanische Behandlung der Milch. Sie wird dabei unter hohem Druck durch eine dünne Öffnung gepresst, was zu einer Abnahme der durchschnittlichen Durchmesser und Anzahl der Fettglobuline führt. Der Geschmack wird vollmundiger und die Bekömmlichkeit verbessert sich.

9. Welche Milchtypen gibt es?

Die Milchtypen richten sich nach der Behandlung der Milch, also nach den Konservierungsverfahren.

Die Bezeichnungen sind in jedem Land anders. Die unbehandelte Milch heißt Rohmilch, die gefilterte Rohmilch wird als Vorzugsmilch bezeichnet (nur kurz haltbar). Die kurzzeiterhitzte Milch heißt in Österreich Frischmilch oder Vollmilch und wird in Deutschland als Land- (3,8 % Fett) oder Vollmilch (3,5 % Fett) bezeichnet. Die ultrahoch erhitzte Milch – mit dem typisch abgekochten Geschmack – wird überall als H-Milch (Haltbarmilch) bezeichnet. Sonderformen, aber allesamt wärmebehandelt, sind zB. die Trinkmilch, Fettarme Milch und Magermilch. Der Unterschied liegt vor allem im Fettgehalt der Milch.

10. Wodurch entsteht Milchschaum?

Milchschaum entsteht, wenn die Milchproteine mit Luft durchgemischt werden.

Die Entstehung von Milchschaum ist nicht auf die Fette zurückzuführen. Die Qualität des feinporigen Cappuccinoschaums wird vor allem durch den Proteingehalt bzw. die richtige Aufschäumtemperatur bestimmt.

11. Schäumt fettarme Milch besser?

Ja, aber das ist reine Mathematik, weil weniger Fett vorhanden ist sind prozentual mehr Proteine in der Milch, und diese bestimmen wie erwähnt das Aufschäumverhalten.

Grundsätzlich lässt sich jede Milch aufschäumen – auch Sojamilch und laktosefreie Milch – je nach Proteingehalt.

12. Was ist geschmacklich die beste Milch?

Fett ist Geschmacksträger, also ist fettarme Milch geschmacklich weniger gut. Frischmilch (frische Vollmilch) ist immer noch die beste Lösung für alle Kaffeegetränke mit Milch!

Haltbarmilch beeinflusst geschmacklich nachhaltig negativ den Kaffee! Feine Gaumen erkennen den unverwechselbaren (abgekochten) Geschmack von Haltbarmilch auch bei einer vergleichsweise kleinen Dosis Milch im Kaffee.

13. Welche Milch soll für das Aufschäumen verwendet werden?

Am besten eignet sich Milch mit hohem Proteingehalt.

Eine gute „Baristamilch" besitzt ein gutes Aufschäumverhalten, der Schaum muss eine seidige Textur haben, fest sein und außerdem eine gute natürliche Süße aufweisen. Einer sogenannten Aufschäummilch (verwirrenderweise auch als Cappuccinomilch bezeichnet) werden meist Proteine beigesetzt.

14. Macht H-Milch (Haltbarmilch) den besten Cappuccino-Schaum?

Nein, was das Aufschäumverhalten betrifft besteht kein Unterschied zwischen Haltbarmilch und Frischmilch.

Das Problem der H-Milch ist, dass der Geschmack zugunsten der Haltbarkeit verloren geht.

15. Lässt sich das Milchaufschäumen beschreiben?

Theoretisch ja, praktisch nein. Eine Beschreibung ohne praktische Arbeit macht defacto keinen Sinn.

Um einen feinporigen cremigen Schaum zuzubereiten, braucht der Barista viel Übung und die entsprechende Technik. Er muss die Materie Milch verstehen. Der eigentliche Vorgang des Milchschäumens besteht aus einer 2-Phasentechnik („Ziehen" – hierbei kommt Luft in die Milch und „Rollen"). Um die Technik perfekt zu lernen, sollte unbedingt ein Kurs bei Profis belegt werden.

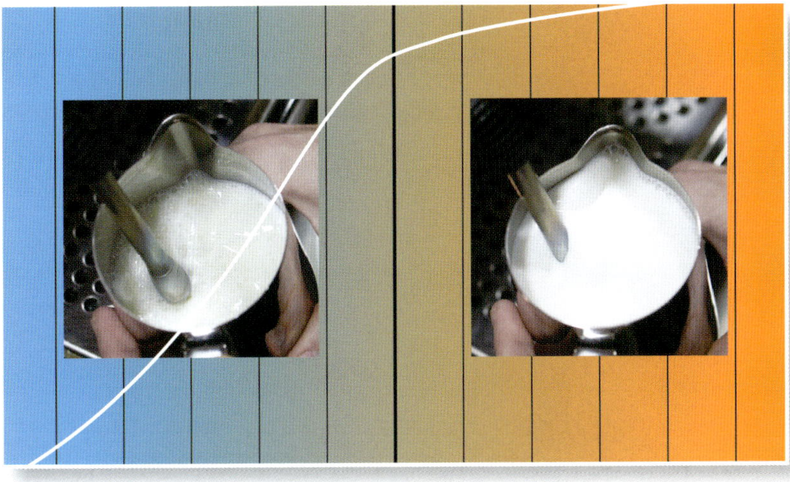

16. Gibt es Alternativen zu Kuhmilch im Kaffee?

Ja, Sojamilch, Getreidemilch, Reismilch, Büffelmilch, Kamelmilch und Ziegenmilch und einige mehr. Sind nur einige Beispiele.

Büffelmilch enthält mehr Eiweiß und Fett als Kuhmilch und wirkt sich daher gleichermaßen positiv auf Aufschäumverhalten und Geschmack aus, allerdings gilt sie als die derzeit teuerste Milch als Alternative zu Kuhmilch im Kaffee.

17. Was ist Sojamilch?

Sojamilch ist wie Getreide- oder Reismilch keine Milch, sondern eine milchige Flüssigkeit (aus Soja, Getreide oder Reis), die mit tierischer Milch außer der Farbe wenig gemeinsam hat.

Diese Milcharten haben fast immer einen getreideartigen, mehligen Beigeschmack, was sich meistens auch negativ auf den Geschmack des Kaffees auswirkt. Viele Leute trinken jedoch Sojamilch, weil sie den Milchzucker (Laktose) nicht vertragen, also an einer Laktoseintoleranz leiden.

18. Was ist Laktoseintoleranz?

Laktose ist der Milchzucker, der in jeder tierischen Milchart vorkommt. Der Milchzucker wird durch ein spezielles Enzym, die Laktase, im Dünndarm abgebaut.

Verliert man die Fähigkeit Laktose zu spalten, leidet man an Laktoseintoleranz. Diese ist in der Weltbevölkerung verschieden, in Skandinavien am geringsten (3–8 %) in Afrika und Asien am höchsten (bis über 90 %). Laktoseintoleranz ist allerdings nicht mit der seltenen Milchallergie zu verwechseln, bei der es sich um eine aktive Immunreaktion aufgrund einer Allergie gegen Kuhmilcheiweiß handelt.

Allergien nehmen durch Fehl- und Mangelernährung immer weiter zu. Hier ist auch für die Gastronomie ein Umdenken erforderlich.

19. Was ist laktosefreie Milch?

Als Alternative neben Soja- oder Getreidemilch gibt es für alle Leidtragende der Laktoseintoleranz die Möglichkeit der laktosefreien Milch.

In dieser wird durch Zugabe von Laktase (einem Verdauungsenzym) die Laktose in Glukose und Galaktose umgewandelt, wodurch die Milch etwas süßer im Geschmack wird und oft ein wenig bräunlich wirkt.

20. Was bewirkt der Milchzucker?

Gesundheitlich gesehen sorgt Laktose für eine gesunde Darmflora, unter anderem auch dafür, dass unerwünschte Bakterien im Darm gehemmt werden.

Der Milchzucker Laktose kommt nur in Milch und Milchprodukten vor. Der Laktosegehalt beträgt meist zwischen 4,5 % und 5 %. Laktose verbessert die Aufnahme von Calcium und anderen Wirkstoffen aus dem Darm und sorgt für eine gesunde Darmflora. Die Süßkraft der Laktose ist um ca. zwei Drittel geringer als die der Saccharose (Haushaltszucker). Die milde Süße trägt zum vollmundigen Geschmack der Milch bei.

21. Welche Auswirkungen hat die Milch im Kaffee?

Generell verändert Milch (wie jeder Zusatz) das Geschmacksprofil des Kaffees. Den feinen Geschmack exquisiter Bohnen kann man natürlich in einer „kleinen Badewanne" voll Milchkaffee nicht mehr erkennen.

Die Milch verleiht dem Kaffeegetränk einen leicht süßlichen Geschmack. Die fettlöslichen Aromen werden verstärkt, die wasserlöslichen treten in den Hintergrund.

22. Was ist LatteArt?

ital. „Latte" = Milch, engl. „Art" = Kunst – LatteArt bedeutet wörtlich Milchkunst. Man unterscheidet in der praktischen Technik zwischen Gießen und Zeichnen (mit Hilfsmitteln).

LatteArt ist der Ausdruck des perfekten handwerklichen Könnens eines Barista. Die ideale Verbindung von Crema und Milchschaum durch Gieß- und Dekorationstechniken erzeugt anspruchsvolle Muster zur Veredelung der Kaffeespezialität. Sie demonstriert die höchste Vollendung der Kaffeezubereitung. Technische Beherrschung, profunde Kenntnis von Kaffee und Milch sowie große Kreativität des Barista sind Voraussetzung für gelungene LatteArt und tragen zur „Faszination Kaffee" wesentlich bei.

23. Hat die LatteArt eine Berechtigung für die kaffeeausschenkende Gastronomie?

Ja, denn LatteArt ist ein Qualitätskriterium und gibt Zeugnis über die perfekte Kenntnis der Produkte Espresso und Kaffee.

Ein anspruchsvoll zubereitetes Espressogetränk, gekrönt mit einer kreativen LatteArt-Gestaltung ist eine hohe Kunst und sympathisches Extra für den Kunden zugleich. Viele Kriterien, wie die Wahl der richtigen Kaffeesorte und der Milch, die Handhabung der Espressomaschine, der Aufschäumtechnik und das Handling von Werkzeug und Zutaten, sind Teil des perfekten Resultates in Geschmack und Optik. Und nicht zu vergessen, das Auge trinkt bekanntlich mit!

24. Warum ist die Milch eigentlich weiß?

Verantwortlich dafür sind Milchfett und Milcheiweiß. Die Fettkügelchen, sowie das Protein reflektieren das einfallende weiße Licht nahezu zur Gänze.

Kaffee**Workshops**

Workshop**Übersicht**

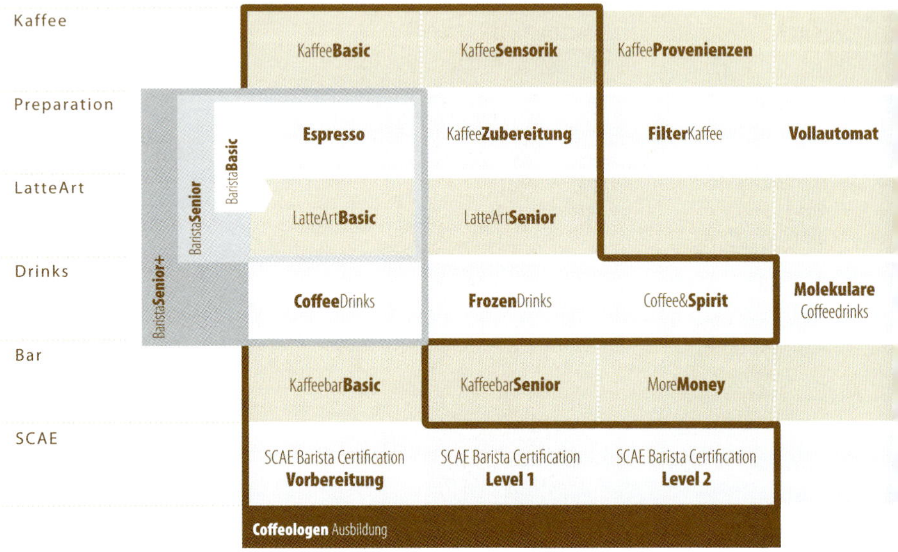

In unserem Schulungszentrum bieten wir die unterschiedlichsten Workshops, Schulungen und Lehrgänge **rund um das Thema Kaffee für Profis und interessierte Laien** an.

Von der Plantage über Handel und Röstung bis zur Zubereitung erfahren Sie alles Wissenswerte rund um die braune Bohne. Unsere Referenten stammen aus den verschiedensten Bereichen der Kaffeeindustrie und arbeiten fachübergreifend in verschiedenen Workshops. **Unterrichtssprachen bei Coffee Consulate sind neben Deutsch auch Englisch und Französisch**.

Gerne bieten wir auf Anfrage auch Seminare, Workshops und Unterricht für geschlossene Gruppen an. Daneben bietet Coffee Consulate **weitere Dienstleistungen** wie Coffee Catering, Vorort-Seminare, Einzelvermietungen oder Produktrecherchen.

Nach erfolgreichen **Ausbildungs-Programmen zum Coffeologen** in 2008, freuen wir uns, die nächsten Ausbildungen durchzuführen. Konsultieren Sie unsere Website, um kommende Termine in Erfahrung zu bringen oder nehmen Sie direkt mit uns Kontakt auf:

Tel. +49 621 4017 1073

Barista**Tools**

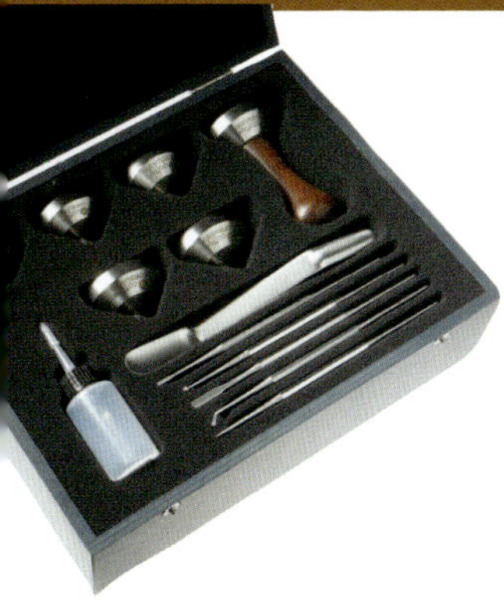

fig. 02

Für den Profi-Barista bietet Coffee Consulate verschiedene LATTEART-**WERKZEUGE** aus robustem Edelstahl, die sich leicht reinigen lassen und perfekt für die Getränkedekoration geeignet sind:

a) MILCHSCHAUM**LÖFFEL**
b) MILCHSCHAUM**LANZE**
c) MILCHSCHAUM**SPATEL**
d) MILCHSCHAUM**DORN**
e) MILCHSCHAUM**HAKEN**
f) MILCHSCHAUM**KNOPF**

fig. 04

Das BARISTA-**SET** ist ein Must-Have für jeden Barista, der in seinem Tagesgeschäft mit verschiedenen Maschinentypen arbeitet. Die enthaltenen Tamper lassen sich in Sekundenschnelle mit dem edlen Griff verbinden und sind somit jederzeit einsatzbereit.

fig. 01

Coffee Consulate bietet dem Profi-Barista speziell kalibrierte und ergonomische **TAMPER** aus 18/10 Edelstahl an. Der Spezialkunststoff-Griff der formschönen Espresso-Drücker liegt angenehm in der Hand und das Gewicht des Tampers führt zum exakt richtigen Druck.

fig. 03

Das LATTEART-**SET** ist ein hilfreicher Begleiter auf Seminaren und Präsentationen, die präzise Arbeit im Bereich der Getränkedekoration erfordern. Auf einen Griff sind die wichtigsten Tools parat.

fig. 05

Der BARISTA-**KOFFER** ist ideal für den Barista, der sich in kürzester Zeit auf unterschiedlichste Situationen einstellen muss. Für Seminare, Workshops und Präsentationen sind alle relevanten Arbeitsgeräte mit einem Griff parat und leicht zu transportieren. Der stabile Baristakoffer aus Aluminium bewahrt seine Inhalte sicher in Schaumstoff gebettet.

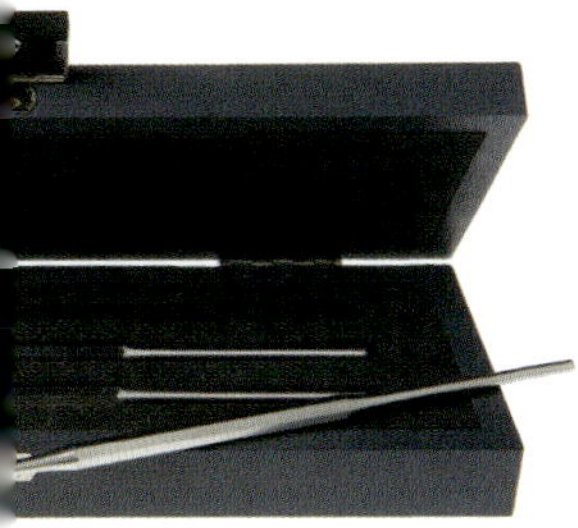

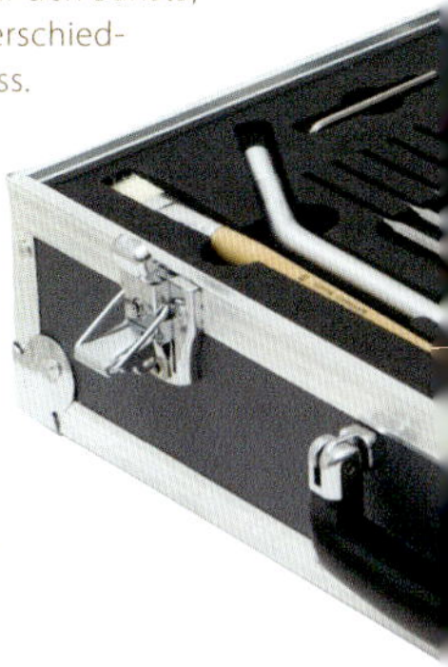

coffee consulate

www.coffee-consulate.com
info@coffee-consulate.com

Tel. +49 621 40 17 10-73
Fax +49 621 40 17 10-74

Die beste Methode, das Leben angenehm zu verbringen, ist, guten Kaffee zu trinken. Und wenn man keinen haben kann, so soll man versuchen, so heiter und gelassen zu sein, als hätte man guten Kaffee getrunken.

Jonathan Swift

1. Welche Materialien eignen sich für den gebrühten Kaffee?

Nur wenige Materialien sind für Kaffee perfekt geeignet. Glas und Porzellan sind sicher die besten und wichtigsten.

Im „to-go"-Bereich, also bei jeder Art von „Kaffee unterwegs", sowie bei Events und Caterings sind natürlich Pappbecher eine absolute Alternative und aus der modernen Coffeeshopwelt nicht mehr wegzudenken. Für das Warmhalten wiederum eignen sich Edelstahl und hochwertige Kunststoffe (Thermobecher und -kannen).

2. Ein Espresso-Kaffee kommt mit ca. 90 °C aus der Espressomaschine. Wie hoch ist die Temperatur in der Tasse?

Ca. 65–70 °C, bei Bechern kann die Temperatur auch höher sein.

3. Welche Eigenschaften hat der richtige Kaffeebecher?

Beim perfekten Kaffeebecher verbrennen Sie sich nicht die Finger und er hält den Kaffee gleichmäßig lange warm.

Darüber hinaus sollte der Becher den Geschmack des Kaffees nicht verändern.

4. Was ist Porzellan?

Porzellan ist ein Gemenge von Kaolin, Feldspat und Quarz und wird bei ca. 1.000 °C verfestigt bzw. bei ca. 1.400 °C „glasiert".

Porzellan ist ein dichter Werkstoff, elektrisch isolierend, hochtemperaturbeständig und von hoher mechanischer Festigkeit. Der Porzellankörper als solcher ist bei geringer Dicke aufgrund des hohen Gehaltes an Glasphase im Scherben transparent (durchscheinend). Porzellan ist lebensmittelecht, beständig gegen Säuren und Laugen und geschmacksneutral. Der Rohstoff Kaolin kommt in Deutschland z.B. in der Oberpfalz, an der Grenze zu Tschechien, sowie in Sachsen vor.

5. Geschichte des Porzellans:

Porzellan wurde in China um 100 v. Ch. erfunden und besteht aus einem Gemenge von Kaolin, Feldspat und Quarz. Ursprünglich war es nur adeligen Häusern vorbehalten, Porzellan zu besitzen, was sich durch die schwierigen Handelswege zu dieser Zeit erklären lässt. Erst der Alchimist Johann Friedrich Böttger erfand Anfang des 18. Jahrhunderts die Herstellung des sogenannten Europäischen Porzellans „neu", mit dem Werkstoff Kaolin (weiße Erde oder Porzellanerde) und gründete die Porzellanmanufaktur Meißen. Doch erst neue Herstellungstechniken wie z.B. das Gießen von Geschirrteilen mit einer flüssigen Masse ebneten dem Porzellan den Einzug in die meisten Haushalte.

6. Gibt es Unterschiede in der Anwendung von Porzellan für den Kaffee?

Ja, die Konsumenten südlich der Alpen stellen sich unter einer Porzellantasse meist etwas anderes vor als die Konsumenten nördlich der Alpen.

Italiener lieben die dickwandigen Tassen, die schwer in der Hand liegen. Für Österreicher, Schweizer und Deutsche sollte eine Porzellantasse eher dünnwandig sein. Je feiner das Porzellan, umso edler. Wieder einmal zeigt sich am Beispiel der Porzellantasse, dass kulturelle Präferenzen eine Konvention sind und nichts über die Qualität aussagen. Objektiv betrachtet schmeckt der Kaffee nicht anders, ob man ihn aus einer eleganten Schale trinkt oder aus einer dieser wuchtigen italienischen Espressotassen. Immer vorausgesetzt, es handelt sich um die gleiche Form. Subjektiv gesehen liegen jedoch Welten dazwischen.

7. Was ist Steingut und Steinzeug?

In unseren Breitengraden unterscheidet man meist drei Arten von Keramik: Steingut, Steinzeug und Porzellan, die sich durch Zusammensetzung und Brenntemperatur unterscheiden.

Steinzeug ist die Bezeichnung für alle Arten von Tonwaren, deren Scherben beim Brand dichtbrennen. Die notwendige Brenntemperatur liegt in der Regel bei 1.200 bis 1.300 °C. Steinzeug ist auch ohne Glasur nahezu wasserdicht. Steingut hingegen wird bei einer geringeren Temperatur gebrannt (900–1.100 °C) und muss wegen dieser geringen Brenntemperatur nahezu immer glasiert werden, um dicht zu werden. Steingut ist eine Gattung der porösen Tonkeramik (Tongut aus Ton, Quarz und Feldspat). Die Farbe variiert zwischen weiß und rotbraun. Steingut ist im Gegensatz zum Porzellan nicht durchscheinend und wird auch heute noch im Haushalt wegen seiner einfacheren und kostengünstigeren Herstellung gerne als Ersatz für Porzellan verwendet.

8. Gibt es einen Unterschied im Temperaturverhalten von Steingut im Vergleich zu Porzellan?

Ja, die Steingut-Tasse braucht länger, bis sie die Temperatur des Kaffees annimmt, wodurch der Kaffee zu schnell auskühlen kann.

Im Vergleich dazu hat die Porzellantasse ein beständiges und gleichmäßiges Temperaturverhalten.

9. Wie soll eine Espressotasse gestaltet sein?

Eine Espressotasse sollte etwas dickwandiger sein, besonders im Bereich der Gastronomie, da die Speicherung der Wärme neben der Bruchsicherheit eine entscheidende Rolle spielt.

Die Tasse sollte 60–80 ml Inhalt haben und immer gut vorgewärmt sein. Die Öffnung oben sollte eher klein sein, da sie dann die Oberflächenspannung verringert und die Crema somit länger hält. Cappuccinotassen sollten 160–200 ml Inhalt besitzen. Es gilt die Regel: je dünner die Tasse, desto schneller sollte der Kaffee getrunken werden.

Das Aromaverhalten der verschiedenen Tassenformen:

10. Ist auch die Form der Tasse entscheidend?

Bei der Kreation der perfekten Espresso-Tasse steht der Erhalt der Crema im Vordergrund. Dabei kann man auf Bewährtes setzen. Ein extra starker Rand und Boden sowie eine konische Tassenform unterstützen die Bildung des Aromas und der Crema.

Erst die passende Tasse verleiht dem Kaffee das perfekte Aroma und den richtigen Geschmack. Das volle Aroma entfaltet sich erst durch die eigens für die Kaffeespezialitäten entwickelten Tassenformen.

Eine Tasse mit geradem Boden (breite oder eckige Tassenform) zerbricht die Crema am Espresso. Beim gerundeten Boden (konische oder konkave Tassenform) bildet sich eine gleichmäßige, stabilere Crema aus.

11. Wohin geht der Trend?

Unbestritten ist die Porzellantasse nach wie vor am beliebtesten, doch auch die Glastasse, ein Klassiker der Tischkultur, ist seit einiger Zeit wieder stark im Kommen.

Wenn die internationalen Design-Gurus Recht behalten und der „Sleek Chic" künftig unsere Alltagskultur beherrschen wird, dann darf natürlich Glas als Material nicht fehlen. Pur, klar und kein Detail zuviel: Dafür steht gutes Design aus Glas. Gleiches könnte man natürlich auch über modernes Design aus Porzellan sagen: Pur, weiß, und kein Detail zuviel.

12. Hat die Glastasse Nachteile?

Nein, ganz im Gegenteil.

Glas wirkt fördernd auf die Säuren im Kaffee, weil es schneller erhitzt und damit auch schneller auskühlt. Darüber hinaus bringt nur Glas das Schönste am Espresso hervor: das Farbenspiel aus Crema und Caffè, das unsere Sinne erregt.

13. Warum sind Gläser auf dem Vormarsch?

Den Latte Macchiato in einer Porzellantasse zu servieren wagen heute nur noch wenige Coffee Bars. Von Mailand bis Stockholm ist es längst Standard, dass der Barista beim Latte Macchiato zum Glas greift.

Ein Barista, der auf sich hält, will schließlich seine Kunstfertigkeit auch unter Beweis stellen dürfen. Doch nur im Glas zeigt sich das ansprechende Farbenspiel der verschiedenen Flüssigkeiten in ihrer delikaten Balance. Das Latte Macchiato-Glas hat längst in den heimischen Küchen und in den Büros Einzug gehalten, denn was der Barista kann, hat nichts mit Hexerei zu tun. Latte Macchiato kann jeder zubereiten, vor allem, wenn die Gläser bequem unter die Kaffee-Vollautomaten passen.

14. Warum schwenkt man die Tasse beim Verkosten?

Profis setzen durch das Schwenken beim Verkosten das Aroma frei.

15. Benötigt man für die LatteArt spezielle Tassen?

Grundsätzlich kann LatteArt in Tassen und Gläsern gelingen.

Es gibt aber Behältnisse, die das Gelingen erschweren, wie z.B. die Zubereitung in großen „Milchbadewannen". Die Tassenform sollte so beschaffen sein, dass der Tassenboden keine scharfe Kanten aufweist, die Seitenwände rund geformt sind und sich die (Crema-) Oberfläche beim Eingießen „dehnt".

„Schlechter Kaffee kann durch gutes Mahlen nicht verbessert werden, aber guter Kaffee kann durch schlechtes Mahlen zerstört werden."

Werbespruch

1. Warum soll man immer frisch mahlen?

Weil nur das den besten Kaffee gewährleistet.

Das Mahlen öffnet die Zellen der Bohnen und setzt Aromen und Inhaltsstoffe frei. Diese können sich dann später im heißen Wasser lösen. Da der gemahlene Kaffee sehr schnell an Qualität verliert, sollte der Kaffee erst unmittelbar vor der Zubereitung gemahlen werden. Die moderne Mahltechnik kommt uns hierbei zur Hilfe: die modernste Generation der Mühlen mahlt „on demand", also jede Portion frisch.

2. Entsteht beim Vormahlen ein Aromaverlust?

Ja, bis zu 40 % – anders ausgedrückt heißt das, dass sich alle Aromen, die Sie einmal riechen konnten, bereits wieder verflüchtigt haben.

3. Welche Mühlen gibt es?

Man unterscheidet:
- Haushaltsmühlen
- Ladenmühlen
- Espressomühlen
- Cateringmühlen
- Industriemühlen
- Spezialmühlen (z.B. für „French-Press" Kaffee)

4. Welche Arten des Mahlens gibt es?

Es gibt Mörser, Handmühlen und elektrische Mühlen mit verschiedenen Mahlwerken.

Die älteste Form des Mahlens ist das Zerstoßen im Mörser, was jedoch ein unregelmäßiges Mahlgut erzeugt. Im Haushalt sind noch Handmühlen und Mühlen mit Drehmessern im Einsatz (so genannte Schlagwerke).

- **Die Handmühle mit Kurbel** wird auch heute noch verwendet. Man füllt die Bohnen in den Trichter, dreht die Kurbel, und der Kaffee gelangt durch das Mahlwerk in eine kleine Holzschublade. Der Nachteil ist der, das nur in den seltensten Fällen ein Kaffee mit einen feinem Mahlgrad erhalten wird.

- **Mühlen mit Schlagmahlwerk** funktionieren mittels rotierender Messer (Drehmesser). Die Geräte sind handlich und meist preisgünstig, doch sehr unpräzise. Das Mahlgut ist meist zu unterschiedlich, außerdem erhitzt der Kaffee zu sehr. Die Öle verändern sich und der Kaffee schmeckt bitter oder ranzig.

Heute haben sich folgende Systeme durchgesetzt:

- Mühlen mit Scheibenmahlwerk
- Mühlen mit Kegelmahlwerk
- Mühlen mit Mischmahlwerk mit und ohne Dosiervorrichtung

5. Wo liegen die Vor- und Nachteile der gängigen Mahlwerke?

Beim Scheibenmahlwerk wird der Kaffee mittels zweier Scheiben gemahlen. Entscheidend ist der Zustand der Mahlscheiben, denn stumpfe Mahlscheiben schaffen ein uneinheitliches Kaffeemehl und zu viele feinste Staubpartikel: das Aroma geht verloren, die Brühsiebe werden verstopft, die Crema fehlt.

Außerdem haben stumpfe Mahlscheiben noch einen anderen Nachteil: die Mahlscheiben müssen sich länger drehen, was zu einer Erwärmung führt, wodurch der Kaffee vorröstet und Aromen verliert. Das Kegelmahlwerk hat den Vorteil, durch geringere Drehzahlen keine oder wenig Hitze zu erzeugen, daher ist das Mahlen aromaschonender. Allerdings sind Mühlen mit Kegelmahlwerk meist wesentlich teurer.

6. Aus welchen Materialien bestehen die Mahlscheiben?

Mahlscheiben gibt aus in den verschiedensten Materialien, wie Stahl, Gusseisen, Spezialstahl, Hartmetall, beschichtete Materialien und Keramik.

7. Was bewirken schlechte, stumpfe Mahlscheiben?

Mahlscheiben nutzen sich mit der Zeit ab und müssen erneuert werden. Stumpfe Mahlscheiben brechen oder zerquetschen die Bohne, anstatt sie gleichmäßig zu mahlen. Dadurch wird das Kaffeemehl überhitzt und bitter.

8. Warum muss der Mahlgrad immer neu adjustiert werden?

Der Kaffee verändert sich ständig durch Altern, Wärme und Feuchtigkeit.

Dies betrifft den Kaffee zwischen den Mahlscheiben, und auch das fertige Mahlgut. Dadurch verändert sich die Kontaktzeit, somit die Extraktion und die Angriffsoberfläche.

9. Was heißt hygroskopisch?

Hygroskopisch heißt, dass der Kaffee aus der Luft Feuchtigkeit aufnehmen kann.

Je mehr Luftfeuchtigkeit, desto länger wird die Extraktionszeit, da der Widerstand steigt. Daher ist das ständige „Setup" der Mühle entscheidend. Die optimale Mühleneinstellung ist einfach eine Voraussetzung für ein Topergebnis in der Tasse.

10. Was passiert beim Kaffeemahlen?

Die Bohne wird beim Mahlen in kleine und kleinste Teile „zerlegt", um eine möglichst große Oberfläche zu schaffen (ca. 500–800 Partikel für Filterkaffee, 3.500 für Espresso und 30.000 für türkischen Kaffee).

Fein gemahlen bedeutet, eine große Oberfläche zu haben, was zu mehr Widerstand führt. Die Extraktionszeit wiederum setzt sich zusammen aus der Wassermenge und dem Widerstand, dem das Kaffeemehl geboten wird. Die Extraktionszeit ist wichtig für das Lösen der Inhaltsstoffe, wie Öle, Zucker, Aromen, erwünschte Säuren und Bitterstoffe.

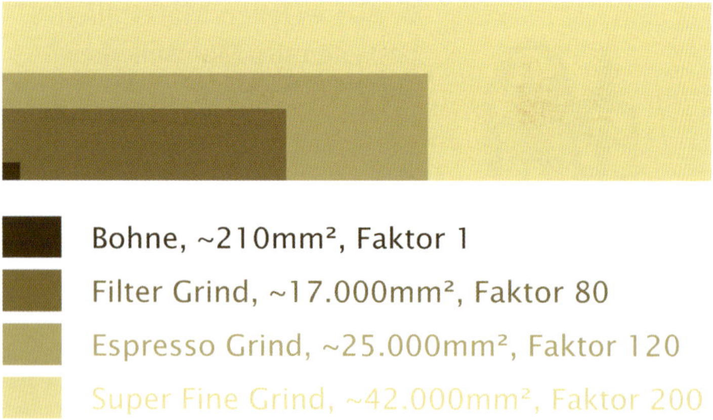

11. Was passiert unmittelbar nach dem Mahlen mit dem Mahlgut?

Gemahlener Kaffee wird der Luft ausgesetzt. Die Oxidation beginnt sofort, und resultiert in einem Verlust an Aroma und Kaffeeölen.

Die hohe Luftfeuchtigkeit absorbiert Wasser und der Widerstand erhöht sich. Daher sollte man niemals große Mengen an Bohnen vormahlen.

12. Warum sind der richtige Mahlgrad und die Extraktionszeit beim Espresso so wichtig?

Der richtige Mahlgrad ist entscheidend für Crema und Geschmack.

Eine zu helle Crema bedeutet wenig Aroma, das Mahlgut ist zu grob gemahlen. Eine zu dunkle Crema heißt bitter, die Mahlung ist zu fein, der Kaffee ist überextrahiert.

13. Hat das Mahlgut beim Espresso unterschiedliche Größen?

Ja, ein guter Espresso besteht aus Mahlpartikeln unterschiedlicher Größe. Diese reichen von ca. 1 mm bis zu feinstem Pulver.

14. Was passiert durch einen falschen Mahlgrad beim Espresso?

Korrekte Mahlung führt zu den besten Extraktionsresultaten.

Rinnt das Wasser zu schnell oder zu langsam, so kann nicht einfach mit einer veränderten Mahlgutmenge darauf reagiert werden, da zu große oder zu kleine Partikel – unabhängig von der Menge – nicht das optimale Ergebnis mit sich bringen. Das heißt, dass der Mahlgrad, bzw. die Partikelgröße, stimmen muss.

Die verschiedenen Mahlgrade in der Übersicht

Scale	Microns	Grind Description
1	100	Türkischer (Griechischer) Kaffee
2	200	Mokka-Kanne oder Caffètiera
3	300	Professionelle Espressomaschinen
4	400	Haushalts-Espressomaschinen
5	500	Filtermaschinen (Papierfilter)
6	600	Vakuummaschinen (Glas)
7	700	Metallfilter Brühmaschinen
8	800	French Press-Maschinen
9	900	Percolatoren

15. Gibt es Faustregeln für die Mahlgradeinstellung?

Ja, beim direkten Aufbrühen – also ohne Filter – sollte grob bis mittelgrob gemahlener Kaffee verwendet werden, beim Filterkaffee empfiehlt sich feines bis mittelfeines Mahlgut. Für Espresso eignet sich am besten sehr fein gemahlener Kaffee. Und für den Mokka oder türkischen Kaffee sollte das Mahlgut staubfein sein.

16. Wovon ist die Partikelgröße abhängig?

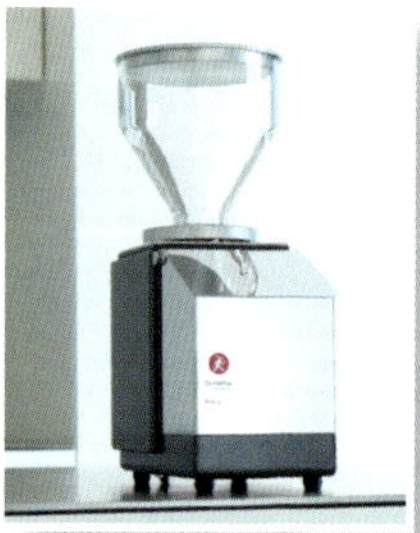

Die Partikelgröße ist abhängig von:

- der Herkunft des Kaffees
- der Mischung (Blend)
- dem Röstgrad
- den landesüblichen Trinkgewohnheiten
- der Wasserqualität
- der Frische des Kaffees
- der Abnutzung der Mahlscheibe

17. Was sind die so genannten Tigerstreifen?

Ein geringer Anteil an feinen Staubpartikeln ist im Mahlgut durchaus erwünscht. Diese sind nämlich für die Musterung der Crema verantwortlich, die man Tigerstreifen nennt.

Sensorische Tests haben erwiesen, dass bestimmte Kaffees einen feineren Mahlgrad für das beste Geschmacksergebnis benötigen, während andere mit einem höheren Anteil an Staubpartikeln schlechtere Resultate brachten. Das heißt, dass für jeden neuen Espresso erst in aufwendigen Tests der perfekte Mahlgrad festgelegt werden sollte.

18. Was sind die Hauptziele des Mahlens?

- kühles Mahlen
- schnelles Mahlen
- gleichmäßiges und konsistentes Mahlen für jeden gewünschten Mahlgrad

19. Welche Anzeichen für einen Qualitätsverlust beim Mahlen gibt es?

- die Mahldauer erhöht sich
- die Temperatur des Mahlgutes erhöht sich
- die Partikelverteilung ist unregelmäßig
- der Anteil an Staubpartikeln erhöht sich
- das Mahlgut wird gröber
- die Mühle kann nicht mehr kalibriert werden
- die Mühle verstopft immer öfter

20. Was ist bei der Reinigung von Mühlen zu beachten?

Für das Reinigen der Mahlscheiben gibt es heutzutage verschiedene (Spezialmittel) auf der Basis lebensmittelechter Naturprodukte. Diese reinigen die Mahlscheiben und das Gehäuse der Mühle.

Auch der Bohnenbehälter sollte zumindest alle 2–4 Tage gereinigt werden (oxidierende Fette und Öle).

21. Sind alle Kaffeesorten für eine Espressomahlung geeignet?

Nein. Interessant ist, dass sich Kaffeesorten unterschiedlichen Ursprungs nicht auf die gleiche Art mahlen lassen, um zu dem perfekten Brühergebnis zu kommen. Daher sind auch nicht alle Kaffeesorten für eine Espressomischung geeignet.

22. Soll man Kaffee für zu Hause gemahlen kaufen?

Nein, wenn irgendwie möglich nicht. Denn Sie wollen ja auch zu Hause den bestmöglichen Kaffee genießen.

Kaffee ist ein Frischprodukt, er sollte frisch gekauft und frisch gemahlen werden, nur so kann man die beste Qualität erreichen. Außerdem bedeutet Vormahlen, dass der Kaffee nur für eine einzige Brühart gemahlen wurde, es gibt aber viele verschiedene Brühmethoden, die jede für sich einen anderen Mahlgrad benötigt.

23. Welche Trends bei Mühlen gibt es? Was ist „Grind on Demand"?

„Grind on Demand", also das Mahlen nach tatsächlichem Verbrauch, immer frisch und direkt in den Siebträger, ist weiter im Vormarsch.

Frisches Mahlen bei Filtergeräten bzw. Filter-Automaten mit integrierter Mühle ist ebenfalls im Trend. Das Duftmarketing (frischer Kaffeegeruch) wird zunehmend von Betrieben des Handels und des Kaffeeausschankes als Kompetenznachweis, Frischesiegel und Umsatzförderer erkannt. Im Profibereich gibt es bereits „intelligente Kaffeemaschinen", die direkt mit der Mühle verbunden sind und den perfekten Mahlgrad nach den äußeren Bedingungen selbst „nachjustieren".

24. Was sollte man bei der Anschaffung einer Mühle beachten?

- den Output in Gramm pro Minute
- die Lärmerzeugung des Gerätes
- die Temperatur des Mahlgutes
- die Abstimmung auf Extraktion und Brühzyklus
- die Analyse der Partikelgröße
- die Tassenprobe
- die Einfachheit in der Bedienung und beim Kalibrieren
- die Wartungs- und Reinigungsfreundlichkeit
- die Einhaltung internationaler Sicherheitsbestimmungen
- daraus resultierend: das beste Preis-Leistungs-Verhältnis

Innovation & Design am Kaffeemarkt

petra® electric

Ob Kaffeemühle oder PadAutomat - mit petra-electric erleben Sie eine neue Generation der Kaffeekultur. Das mittelständische Unternehmen aus dem schwäbischen Burgau, bekannt geworden durch Elektro-Kleingeräte für Küche und Körperpflege, geht neue Wege: Kaffee- und Heißgetränkemaschinen made in Germany.

„One Touch" - Kaffeevielfalt auf Knopfdruck

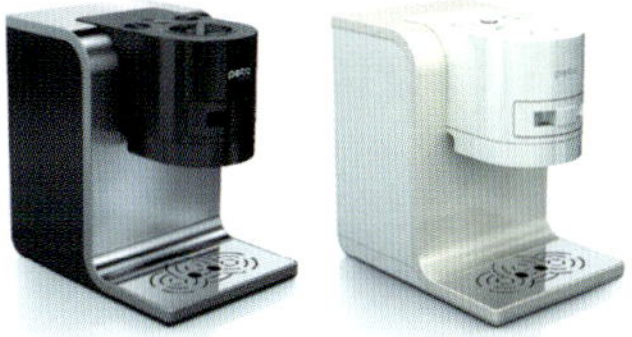

Der „Neue" von petra-electric: edles Design, trendige Farben und Vorreiter in der Funktion. Egal ob cremiger Milchschaum, Kaffeespezialitäten aus Softpads, Kaffee- bzw. Espressopulver oder Heißwasser für Tee und Instantgetränke – alles kein Problem für den KaffeePadAutomaten KM 45 der neuesten Generation. So können Cappuccino oder Latte macchiato mit nur einem Knopfdruck zubereitet werden.

Frisch gemahlen ...

Die individuelle Art den Kaffee zu mahlen, ist die Handschrift des Feinschmeckers bei der Kaffeezubereitung. Mit der EL 70 bekommt der Kaffeegenießer das optimale Werkzeug ohne Kraftakt; die Kaffeemühle besitzt ein präzise gefertigtes Kegelmahlwerk aus gehärtetem Stahl mit 12-stufiger Einstellung des Mahlgrades für Kaffee- und Espressoqualität. Je feiner das Kaffeepulver ist, desto größer die Oberfläche, desto besser lösen sich die Aromastoffe.

www.petra-electric.de

„Glückliche Kaffeekirschen von freilebenden Bauern."

1. Ist das Geld für die Kaffeebauern weltweit gerecht verteilt?

Eigentlich nicht, denn zu viele Faktoren laufen im System vom Anbau bis zum Verschiffen der grünen Bohnen noch schief!

Hauptgründe dafür sind die mangelnde Ausbildung bzw. das Know how der Kaffeebauern und das nimmt den Bauern wiederum die Möglichkeit, bessere Erträge zu lösen. Auch das Wissen um die Bohnen (Qualitätskriterien der Bohnen, Abnehmerländerverhalten, Zubereitung, etc.) müsste geschult werden, sodass die sogenannten „Kojoten" ausgeschaltet werden können, die den Bauern den Rohkaffee (Pergaminos) mit all den herablassenden und teils falschen Qualitätsargumenten („Kaffee sei schlecht getrocknet", „Kaffee sei dreckig und staubig" usw.) zu Mindestpreisen abluchsen.

2. Wer verdient was?

Das Gefälle ist unterschiedlich, fest steht jedoch, dass die Verlierer in der Kette die Pflücker und Farmer sind. Die auch direkt von Weltmarktpreisen, Exportabgaben und Spekulanten abhängig sind.

Bekommt vergleichsweise ein Milchbauer bei uns ca. 1/3 vom aktuellen Handelspreis im Supermarkt, so bleibt einem Kaffeebauern nur ca. 5–10 % und weniger vom Verkaufspreis in unseren Regalen.

- **Pflücker:** Der Lohn hängt vom Land ab, in dem sie arbeiten, leider gibt es selten Regelungen von Mindestlöhnen – und wenn doch, dann werden sie vielerorts nicht eingehalten.

- **Farmer:** Wie oben schon erwähnt, schwanken die Löhne und hängen ab von Land, Sorte, Aufbereitung, Exportabgaben uvm. Beim heutigen Preisgefüge beläuft es sich im Schnitt auf ca. US $ 0,50 bis 1,50 pro Kilogramm.

- **Genossenschaft:** Die Cooperativas, die auch Gegenleistungen für die Bauern erbringen, dürften den Ertrag der Bauern um noch einmal ca. 5–10 % schmälern.

- **Rohkaffeehändler:** Ist heute zu einem risikoreichen Geschäft geworden (Spekulanten) und durch die Markttransparenz eher schwieriger. Vor zwanzig Jahren waren hier auch 3–5 % Marge zu erzielen.

- **Transport/Lagerung/Logistik:** Ist heute viel schneller, effizienter und weniger personalabhängig geworden, der Transport fällt nicht mehr so ins Gewicht wie früher, als der Kaffee noch in Säcke abgefüllt und in Container geladen wurde. Heute kommt der Kaffee lose im Container („bulk-ware"). Ca. 15 % des Rohkaffeewertes kann man als Richtwert für den Transport annehmen.

● **Röster:** Ein Röster kann heute mit allen Kosten (Rohkaffee, Transport, Maschinenamortisation, Personal etc.) das Kilogramm Kaffee um ca. € 4,– bis 5,– auf den Tresen stellen. Ist der Röster auch gleichzeitig die Supermarktkette, dann bleibt die ganze Spanne (mehr als 100 %) bei ihm. Liefert ein anderer Röster an die Märkte, muss die Spanne geteilt werden (dies gilt für den Lebensmittelhandel (LEH)). Die Spannen sind in Österreich und der Schweiz höher, da hier, anders als in Deutschland, der Staat nicht mitverdient (Kaffeesteuer – Röstkaffee € 2,19,–/kg). In der Gastronomie verbessern sich noch die Spannen für den Röster (Verkaufspreis ab € 15–17,– aufwärts), doch hat der Röster auch mehr Aufwand (Service, Außendienst, Fuhrpark, Kaffeemaschinen, etc.). Die Margen liegen jedoch sicher nicht unter denen des LEH.

● **Gastronom:** Ein Gastronom macht mit einem Kilogramm Kaffee (gerechnet mit 125 Tassen) abzüglich der Warenkosten, seiner Einstandskosten (Personal, Geschirr, Zucker, Milch etc.) und abhängig von der Maschinenamortisation ca. 600–900 % Gewinn pro Tasse Kaffee.

3. Was und wann war die Kaffeekrise und wie viel haben die Kaffeebauern dabei verloren?

Die letzte Kaffeekrise war „hausgemacht" und wurde von der Weltbank mit Hilfe der USA ausgelöst.

Milliardenkredite wurden nach Vietnam zur Förderung der Agrarwirtschaft und des Kaffeeanbaues vergeben. Die Kaffeeproduktion des Durchschnittsproduzenten Vietnam wurde von unter 4 Mio. Sack auf über 16 Mio. Sack Rohkaffee gesteigert. Vietnam stieg zur Nummer zwei am Weltmarkt hinter Brasilien auf. Die Folge war ein Preisverfall, sodass der Preis auf unter 50,– US$-cents/lb gefallen ist. In den vier Krisenjahren von 2001 bis 2004 wurden jedes Jahr ca. 6 Milliarden Dollar, alles im allem also ca. 24 Mrd. US$, an Geld für die bestehenden Kaffeebauern vernichtet. Viele Ernten wurden gar nicht mehr vom Strauch genommen, viele Existenzen wurden zerstört.

4. Kann es wieder eine Kaffeekrise geben?

Ohne Zweifel könnte wieder etwas Ähnliches passieren!

Stellen Sie sich einmal vor, es würde in Vietnam eine Trockenperiode geben und in Brasilien würde ein Tropensturm oder Frost die Ernte reduzieren bzw. vernichten sofort würde es wieder zu einer Preisexplosion kommen, und wieder würde in vielen Ländern der Kaffeeanbau gefördert werden, was ca. drei Jahre danach wieder eine Überproduktionen und den damit verbundenen Preisverfall zur Folge hätte. Um das zu verhindern müsste man gemeinsam weltweit einheitliche Vorkehrungen treffen.

5. Kaffee ist nach Erdöl das zweit meist gehandelte Produkt der Erde. Warum gibt es keine Preisregelung wie zum Beispiel beim Öl?

Das hat es schon gegeben, es hat aber nichts gebracht. Es muss einen freien Markt geben.

Schon in den 70er Jahren hat es ein derartiges System gegeben: es wurden einfach Exportmarken gedruckt und Doppelsäcke gemacht. Ein der Quote unterliegender Sack Kaffee kostete beispielsweise US$ 100,– und ein nicht ICO Sack (International

Coffee Organization) kostete US$ 30,– pro Sack. Es gab also einen zweigeteilten Markt und die Quotensäcke tauchten wieder woanders auf. Es gab jede Art von Manipulation bei diesem Subventionssystem, wie wir es heute auch bei Milch oder Reis kennen. Die Lösung führt immer über den freien Markt.

6. Wie kann sich der Kaffeemarkt von Börsespekulationen befreien?

Es gibt nur eine Lösung: alle auszuschließen, die mit dem Gut „Kaffee" spekulieren.

Das Ziel muss sein, dass nur noch solche Leute, Institutionen oder Händler an den beiden Kaffeebörsen in London und New York Kontrakte eingehen, die diese Transaktionen effektiv zur Absicherung von eigenen Positionen benötigen oder zur Absicherung für Leerverkäufe auf Termin. Alle anderen Finanzinstitute wie Funds, Commodity Certificates, „Baskets", Banken etc. haben dort nichts mehr zu suchen. Auch eine Lösung mittels Reduktion auf eine bestimmte Anzahl von Kontrakten wäre nur halbherzig und würde zu nichts führen. Nur ein definitives Verbot kann die Volatilitäten an diesen Märkten stoppen. Dieses Fernbleiben würde auch endlich die Preisverzerrungen stoppen, unter denen die Kaffeebauern leiden.

7. Was ist der Sustainable Coffeefund? Und ist er ein Ausweg aus der Krise?

Der Coffeefund ist der Versuch, mit einer einfachen, aber genialen Idee die Situation aller Beteiligten am Kaffeemarkt zu verbessern.

Und so funktioniert die Idee: Für jeden Sack Kaffee kommt 1,– US$ in den Sustainable Coffeefund was bedeutet, dass es die Industrie als zahlende Mitglieder gibt, eben 1,– US$ pro 60 Kilo Sack Rohkaffee, erhoben anhand der vorhandenen Verarbeitungsmengen. Verbraucht eine Firma wie zum Beispiel Nestlé 14 Millionen Sack Kaffee, dann sind das 14 Millionen Dollar. Aus einem 60 Kilo Sack Rohkaffee werden ca. 48 Kilo gerösteter Kaffee hergestellt. So ergeben sich gerade einmal US$ 0,02, also 2 Dollar Cent, pro 1 Kilo Röstkaffee. Das Entscheidende an dem Sustainable Coffeefund ist jedoch die Tatsache, dass 50 % der Gelder in den Ursprungsländern und 50 % auf der Konsumseite eingesetzt werden sollen. Unterstützung auf beiden Seiten als Teil einer effektiven Nachhaltigkeit. Man gibt den Bauern kein Geld oder Mehrgeld (wie zum Beispiel bei Fair Trade), sondern koppelt das System an bestimmte Projekte zur Qualitätsverbesserung. So gibt man kein Geld, sondern Zement und zeigt den Leuten wie man damit saubere Trocknungsplätze anlegt, sodass der Kaffee beim täglichen Trocknungsprozess auch sauber bleibt. Oder man fördert die Wiederaufbereitungsanlangen von Wasser (zum Waschen oder für die Bewässerung), oder die Verwertungsinstallationen vom Kaffeefleisch zu Wärmeenergie (auch zum Selbstbau). Aber auch die Konsumländer würden vom Coffeefund profitieren, wie zum Beispiel durch eine nachhaltige und konstante Förderung des Produktes in Zusammenarbeit mit den Röstern in erstens bestehenden Konsumländern und zweitens auch in neuen potentiellen Konsumländern. Die Aktionen reichen von A wie Ausbildung bis Z wie Zielgruppenmarketing, immer mit dem Focus der Verbreitung des Produktes Kaffee und der Qualitätssteigerung. Und somit wird nachhaltig gesichert, dass der Kaffeekonsum erhalten bleibt. Außerdem profitiert auch die Industrie durch bessere Kaffees, die sie von den Bauern erhält, durch neue Märkte und Absatzkanäle.

8. Was unterscheidet den Sustainable Coffeefund von anderen Nachhaltigkeitsorganisationen?

Das Wichtigste ist, dass nicht dieselben Leute in die Nachhaltigkeitsarbeiten involviert sind, die auf der anderen Seite das Geld mit dem Kaffee verdienen, sodass sogenannte „Seilschaften" gebildet werden können. Eine Nachhaltigkeitsorganisation kann nur neutral und vor allem unabhängig sein.

9. Was ist „4C"? Und ist „4C" als Marketinggag der Kaffeeindustrie zu sehen?

„4C" ist ein Verein, der von den Multis der Kaffeeindustrie ins Leben gerufen wurde, um den Beweis ihrer Nachhaltigkeitsarbeit anzutreten.

„4C" ist wohl eher ein main-stream Marketingtool der Industrie – vielleicht als Gegenstrom zu Fair Trade gedacht, die die Gedanken zur Nachhaltigkeit in der Industrie dokumentieren sollen. Viele Bereiche bleiben aber bisher im Verborgenen bzw. stellen Problemstellungen dar. So sind die Ursprungspartner direkt mit der Industrie verwoben (Seilschaften), ähnliche Verflechtungen gibt es bei den Produzenten-Organisationen und auch die Mitglieder sind entweder Repräsentanten von Multis oder von Leuten die in der „4C Association" sitzen. Die Transparenz über die Tätigkeiten und die Projekte selbst (Finanzierung, Aktivitäten etc.) ist zweifelsohne unzureichend oder geradezu nicht existent.

10. Welcher Marketingtools bedienen sich die Kaffeemultis?

Nachdem die Konsumenten ihr Interesse an der „ganzen Wahrheit" über die Produktion von Konsumprodukten entdeckt haben und Zertifizierer einen noch nie da gewesenen Boom erlebten versucht nun die Kaffeeindustrie ihrerseits diesen Markt für sich zu gewinnen und bedient sich verschiedener Labels, um auch ihre „Anständigkeit" zu untermauern.

Die Marketingtools der „Großen"
Zunehmend setzen die Großen der Industrie auf Zertifikate sogenannter unabhängiger Organisationen oder auf selbst ins Leben gerufene Zertifizierungsprogramme.

- **Kraft Foods/Jacobs:** Rainforest Alliance; 4C
- **Nestlé:** 4C
- **Nespresso:** AAA Sustainable Quality Programme
- **McDonalds/McCafé:** Rainforest Alliance
- **Starbucks:** C.A.F.E. Programme; Fair Trade; Shade Grown; Organic
- **Tchibo:** Rainforest Alliance; 4C; Fair Trade
- **Sara Lee/Douwe Egberts:** 4C, UTZ Certified

11. Ist Fair Trade fair?

Die Grundidee von Fair Trade ist sicher ehrenhaft und gut. Und solange Fair Trade im kleinen Rahmen ausgeübt wurde, war es durchaus fördernd für kleine Kooperativen.

Doch es liegt auf der Hand, dass die Anreize für einen Fair Trade Minimumpreis falsch aufgebaut sind. Sinnvoll wäre es, diesen kleinen Cooperativas die zugesicherten Minimumpreise nur auf einen bestimmten Zeitraum von z.B. drei oder fünf Jahren zu bezahlen. Mit den jeweiligen Überpreisen zum Weltmarkthandelspreis müsste garantiert werden, dass sich diese Pflanzer so „fit trimmen" (kontrollierte Aktionen und Programme), dass sie nachher selbst und unabhängig wieder zum Weltmarktpreis exportieren können. Eine Subvention auf Lebzeiten, die man auch nicht mehr wegnehmen kann und durch die man keine Verbesserung von Betrieb oder Kaffeequalität erreicht, wird immer im Desaster enden. Dafür haben wir sogar genug Beispiele in der eigenen EU-Bauernlandschaft. Da aber jetzt auch die Multis einen Anteil im Fair Trade Segment sehen und haben wollen, wird Fair Trade zur Masse und verliert aufgrund dieser Tatsache auch die Glaubwürdigkeit. Nischenprodukt für die Masse und Multikonzerne an sich sind von vorneherein für die Glaubwürdigkeit bei den Konsumenten nicht unbedingt zuträglich.

12. Was ist Fair Trade?

Laut der Zertifizierungszentrale „Fair Trade Labelling Organizations International" (FLO) profitieren über 1,4 Millionen Landwirte direkt vom fairen Handel. Diese erhalten für ihre Produkte einen höheren Preis, als der Weltmarktpreis zur Zeit ist.

An den Erhalt eines verlässlichen Einkommens sind gewisse internationale Umwelt- und Sozialstandards gebunden. Was übrigens ein weit verbreiteter Irrtum ist: Fair Trade heißt nicht automatisch „biologische Landwirtschaft".

13. Wie ist Fair Trade organisiert?

FLO (Fair Trade Labelling Organizations International) ist Herr über ca. 20 nationale Siegelinitiativen, die das FAIR TRADE-Gütesiegel in den verschiedenen Kontinenten repräsentieren

14. Durch welche Punkte steht Fair Trade in der Kritik?

- Fair Trade sollte glaubwürdig nur in kleinem Segment betrieben werden und entfernt sich zunehmend durch die Ausrichtung auf Massenmärkte und Großkonzerne von seinen ursprünglichen Zielen und Idealen.

- Die Transparenz von Fair Trade müsste wesentlich größer werden. Antworten von FLO zeigen auf, dass viele Informationen für den Konsumenten zurückbehalten werden. Viele Fair Trade zertifizierte Bauern und Kooperativen wissen gar nichts von ihrer Zertifizierung.

- Auch die Preiszusammensetzung bleibt im Unklaren. Die Preisdifferenz fair gehandelter Produkte im Vergleich zu konventionell gehandelten ist deutlich höher als der Mehrbetrag, den die Produzenten erhalten. Wohin geht diese Differenz? Fair Trade verfügt ja nicht einmal über Niederlassungen und wichtige Organisationsstrukturen.

- Der Preis, den der Pflanzer erhält, ist ein Willkürpreis, unbeeinflusst von jeder Marktwirtschaft und erzeugt neue Abhängigkeiten.

- Die Bezeichnung Fair Trade ist irreführend, da sie impliziert, dass jede andere Art des Handelns unfair sei. So wird die Arbeit vieler hart arbeitender, anständiger Menschen nachteilig bewertet.

- Aufgrund des direkten Handels bei Fair Trade laufen auch die Preise völlig an den Preisen der Terminbörsen vorbei. Höhere Weltmarktpreise heißen nicht mehr Geld für die Pflanzer. Ein Sekundärmarkt entsteht.

15. Welche Labels sind bei uns bekannt?

In unseren Breitengraden gibt es eine ganze Reihe von Labels, die unsere Kaffeeverpackungen verzieren. Für den Konsumenten quasi undurchschaubar, unterscheidet man Zertifikate aus dem Bereich der Nachhaltigkeit und der Umwelt.

Die bekanntesten Labels für Kaffee:

a.) Labels aus dem Bereich der Nachhaltigkeit:

- Fair-Trade (mit allen landesweiten Zertifizierern (wie Fair Trade Austria, TransFair Germany oder Max Havelaar Stiftung Schweiz) und deren zahlreichen Submarken, wie z.B. GEPA (D), EZA (Ö) oder Claro (CH)
- 4C
- Amber
- Rainforest Alliance
- Utz Kapeh
- Birdfriendly
- Shade Grown/Forest Grown

b.) Labels aus dem Bereich der Umwelt:

- Bio
- Organic (= Bio in den USA)
- IFOAM
- ÖKO Garantie
- Naturland
- Ecocert
- Lebensbaum
- Bioland
- uvm.

16. Sind Labels im Kaffeebereich überhaupt sinnvoll?

Labels machen nur dann Sinn, wenn sie von ganz kleinen Kooperativen ausgehen und man überprüfen kann, was mit dem Mehrertrag gemacht wird.

Aber auch diese Kooperativen sollten nur für einen bestimmten Zeitraum von vielleicht 3 bis höchstens 5 Jahren einen besseren Preis erhalten, da die „Cooperativas" sonst ihre Marktwirtschaftlichkeit verlieren und dann eigentlich zu hohe Produktionskosten haben, um in einem freien Markt bestehen zu können. Darüber hinaus sollte eine Zertifizierung niemals Gewinn bedeuten. Sie müssen Geld verdienen, um sich den Apparat leisten zu können. Zertifizieren kann also immer nur einer, der oben nicht auf der Verdienstliste steht oder direkt vom Kaffeegeschäft abhängig ist. Wobei, schon bei uns in Europa häufen sich die Ungereimtheiten und Skandale, wie soll das erst in den Kaffeeanbauländern funktionieren?

17. Sind Labels Gütesiegel? Und geben sie Auskunft über die Kaffeequalität?

Labels beruhigen maximal Ihr Gewissen, geben aber kein allgemein gültiges Zeugnis über die Qualität der Bohnen ab!

Zu groß und zu unübersichtlich ist der Labelsalat auf unseren Kaffeepackungen. Und da jeder Produzent und Vertreiber von Kaffee viele solcher Labels auch relativ einfach am Weltmarkt kaufen kann, sind diese wohl eher in den Bereich „Marketingmaßnahmen" anzusiedeln und geben dem Konsumenten absolut keine Garantie für ein Topprodukt in der Verpackung. Dies geschieht zum Nachteil der Firmen, die sich wirklich Mühe geben und ordentliche Zertifizierungen vornehmen.

18. Wovon hängt die Glaubwürdigkeit von Labels ab?

Labels sollten Konsumenten bestimmte Informationen geben, einen Kaufimpuls auslösen und die Entscheidung des Kaufes erleichtern bzw. vereinfachen. Genau das machen Labels aber meist eben nicht, schon gar nicht beim Labelsalat auf unseren Kaffeeverpackungen.

Dies führt einerseits zu einer Verunsicherung der Konsumenten und letztendlich zu einer Unglaubwürdigkeit von Labels selbst. Dabei wird es aber dem Kaffeeliebhaber wahrlich nicht einfach gemacht, den Überblick zu behalten, wie auch die nachfolgende Übersicht beweist.

Die Glaubwürdigkeit von Labels hängt von mehreren Faktoren ab:

- vom Vertrauen in die Organisation/den Inhaber
- von der Übereinstimmung des Programms mit internationalen Regeln
- von der Strenge der gestellten Anforderungen
- von der Transparenz in Programm, System und Anforderungen.

Gerade der letzte Punkt der Transparenz ist häufiger Kritikpunkt und für einen „einfachen Kaffeekäufer" nahezu nirgends gegeben.

19. Was hat das „Bio"-Zeichen auf den Kaffeeverpackungen zu suchen?

„Bio" soll nichts anderes heißen, als dass man ohne chemischen Dünger und Pestizide produziert. In den meist klein- und kleinstbäuerlichen Strukturen der Kaffeepflanzer können sich die Bauern sowieso weder Geld für chemischen Dünger noch für Spritzmittel leisten.

Darüber hinaus müsste es allgemeine Richtlinien geben, wieviel chemischer Dünger oder Spritzmittel eingesetzt werden darf. Das ist aber nicht kontrollierbar und demzufolge macht es auch keinen Sinn, eine derartige Bezeichnung auf eine Kaffeeverpackung zu setzen. So ist es kaum vorstellbar, dass bei ca. 25 Millionen Kaffeebauern, (davon 80 % Kleinbauern, organisiert in „Cooperativas") und einem weltweit ca. 10 %igen Marktanteil an biologischem Kaffee alle Bauern tatsächlich auf die Verwendung von Spritzmitteln und Dünger kontrolliert und zertifiziert worden sind.

20. Was bedeutet Nachhaltigkeit (Sustainability) bei Kaffee?

Nachhaltigkeit sollte im Kaffeesektor Hilfe zur Selbsthilfe bedeuten.

Sinnvolle Maßnahmen wären z.B.:

- Betongemisch zu liefern und Trocknungsanlagen zu bauen.
- Wasserbassins ausheben zu lassen und das Wasser vom Waschen des Kaffees mit Bakterien wieder sauber zu machen.
- neue Energien zu nützen (Sonne, Wind etc.), um Kaffee zu trocknen und Öfen zu betreiben.
- Kaffeefruchtfleisch als Energie oder Dünger zu verwenden.

21. Was bedeutet Traceability?

Traceability bedeutet die Verfolgbarkeit jeder Bohne.

Dies ist in der Praxis jedoch kaum bis gar nicht möglich, denn dazu müsste schon jede Bohne mit einem Chip ausgestattet werden.

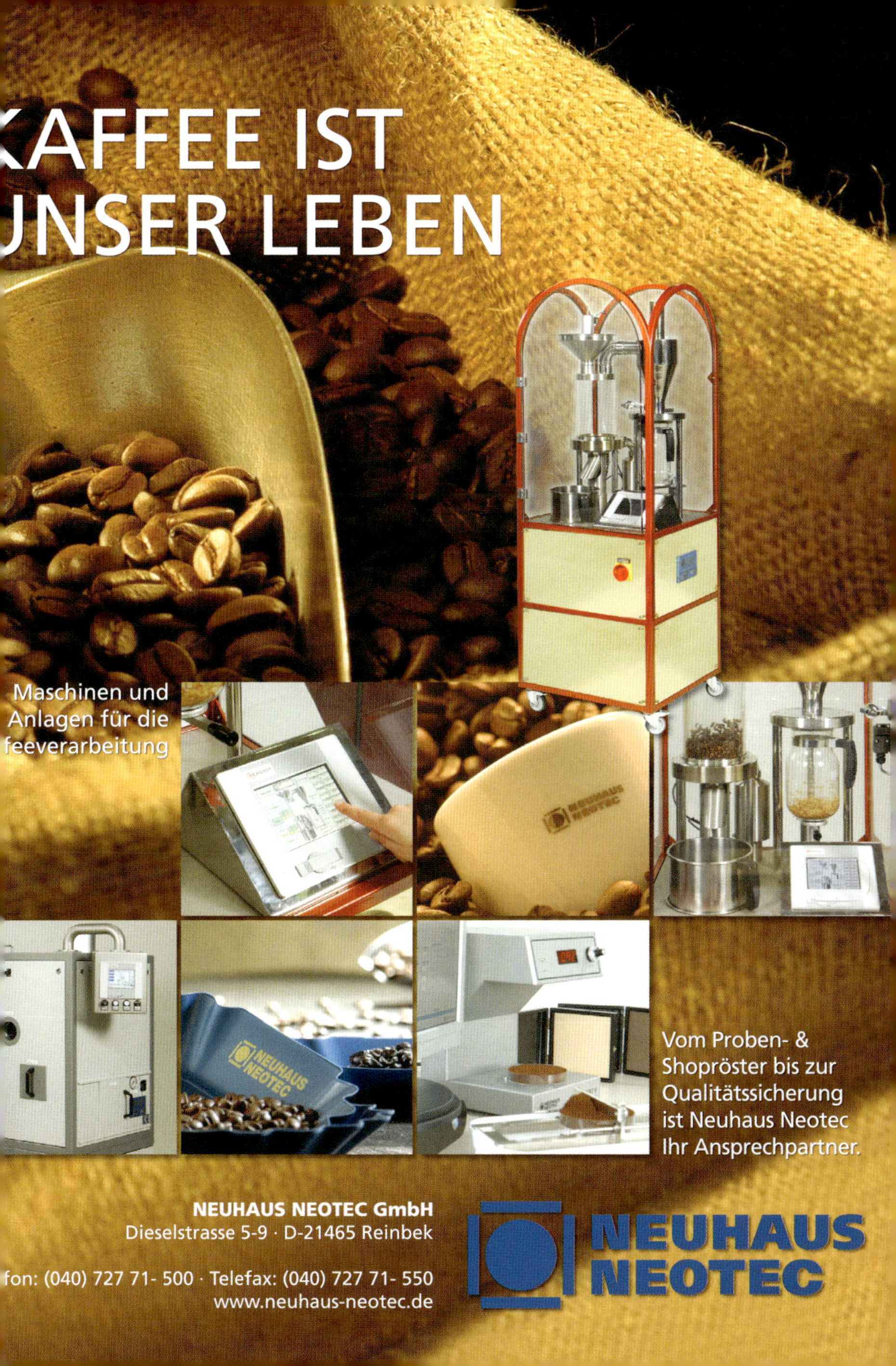
KAFFEE IST
UNSER LEBEN
Maschinen und
Anlagen für die
feeverarbeitung
NEUHAUS NEOTEC
NEUHAUS NEOTEC
Vom Proben- &
Shopröster bis zur
Qualitätssicherung
ist Neuhaus Neotec
Ihr Ansprechpartner.
NEUHAUS NEOTEC GmbH
Dieselstrasse 5-9 · D-21465 Reinbek
fon: (040) 727 71- 500 · Telefax: (040) 727 71- 550
www.neuhaus-neotec.de
NEUHAUS
NEOTEC

Kaffee: Arm und Reich trinkt mindestens zwei Tassen am Tag, und er gehört zu den Dingen, die der Mann seiner Frau nicht vorenthalten darf.

Jean de Thévenot

1. Wer war Rhazes?

900 n. Chr.: Ein Arzt in Arabien. Er beschrieb die ersten Plantagen in Harrar/Äthiopien.

2. Welcher persische Arzt erkannte bereits im 11. Jh. die Wirkung von Koffein?

980-1037 n. Chr.: Das war Avicenna, ein persischer Arzt und Gelehrter, der bereits zu Beginn des 11. Jh. die Wirkung von Koffein erkannte. Er empfahl Kaffee zur Heilung diverser intestinaler Beschwerden.

Der persische Arzt und Philosoph Avicenna, auch als „Ibn Sina" bekannt, eine der berühmtesten Persönlichkeiten seiner Zeit, erkannte 1015 die Wirkung des Koffeins und verwendete Kaffee als Heilmittel. In seinem Buch „Kanon der Medizin" wurden viele Krankheiten und entsprechende Heilmethoden beschrieben, so dass es viele Jahrhunderte lang als Standardwerk der Medizin galt. Darin sprach Avicenna von einem Heilmittel namens „Bunchum", das aus dem Jemen kam.

3. Welcher Deutsche hat als erster Kaffee als Getränk beschrieben?

1582/-83: Leonhard Rauwolf. Der Augsburger Arzt und Physiker beschrieb als erster Europäer das Alltagsgetränk des Orients, das er auf seiner Reise in die arabische Welt kennenlernte und dokumentierte.

Frühneuzeitliche Orient-Reisende haben nach ihrer Rückkehr in Europa von dem belebenden Getränk berichtet. Leonhard Rauwolf lernte den Kaffee daraufhin auf seiner Fahrt in den Nahen Osten 1573 im syrischen Aleppo kennen und beschrieb ihn anschließend in seinem 1582 veröffentlichten Buch.

4. Wer war Gian Francesco Morosini?

1585: Er beschrieb als venezianische Botschafter der Türkei dem Senat von Vendig den Umgang der Osmanen mit einem Getränk, das sie „cavee" nannten.

5. Wer war Ozdemir Pasha?

16. Jh.: Pasha war unter Sultan Suleiman Statthalter von Yemen und brachte den ersten Kaffee in die Türkei, angeblich um 1543. Das erste Café in Istanbul gab es 1554.

6. Wer fertigte die erste exakte Beschreibung der Kaffeepflanze an?

1592: Das war Prosper Alpinus.

Der italienische Arzt und Botaniker fertigte nach einer Reise durch Ägypten die erste Zeichnung eines Kaffeebaumes an und schrieb: „Dieser Baum trägt gemeine Früchte, welche „Bun" oder „Ban" genannt werden." Er gab die erste detaillierte Beschreibung der Kaffeepflanze (Prospero's Bücher).

7. Wer brachte den ersten Kaffee aus Arabien heraus?

Beginn des 17.Jh.: Baba Buddan.

Baba Buddan war ein moslemischer Pilger, der 7 Pflanzen von Mekka nach Mysore schmuggelte, womit der erste Anbau außerhalb der arabischen Welt begann.

8. Welcher Papst hat dem Kaffee seinen Segen erteilt?

1605: Papst Clemens VIII.

1605 servierten – angeblich fanatische – Christen Papst Clemens VIII auf einer Bischofskonferenz eine Tasse Kaffee als Kostprobe und forderten ihn auf, diesen als „Getränk des Satans" zu verdammen. Doch die Reaktion fiel anders als erwartet aus. Nachdem der Papst gekostet hatte, rief er: „Es wäre eine Sünde, ein so köstliches Getränk den Ungläubigen zu überlassen." Somit war er der erste, der Kaffee nicht als „heidnisches Gesöff" verteufelte, sondern ihm im Gegenteil den päpstlichen Segen für den künftigen Siegeszug in Europa erteilte.

9. Wer war Pietro della Valle?

1615 n. Chr.: Ein Kaufmann aus Venedig, der zwischen 1615 und 1626 den Orient bereiste und mit Kaffee nach Venedig zurückkehrte. Das erste Kaffeehaus in Venedig entstand 1645.

10. Wer war Francis Bacon?

1624: Bacon war englischer Philosoph, Staatsmann und Forscher, der als einer der ersten Engländer Kaffee trank und diesen auch in seinen Büchern 1624 erwähnte. Das erste englische Kaffeehaus eröffnete 1650 in Oxford, darauf folgte 1652 das erste in London.

11. Wer brachte den ersten Kaffee nach Frankreich?

1644: Das war Jean de La Roque.

Jean de La Roque reiste 1644 nach Konstantinopel und beschrieb Kaffee und Qisher (Kaffeegetränk aus getrockneten Kaffeekirschen). Die Schriften wurden 1715 veröffentlicht. Er ist für die erste Kaffee-Einfuhr nach Marseille verantwortlich.

12. Welcher Franzose verhalf dem Kaffee in Frankreich zum Durchbruch?

1656-58: Jean de Thévenot, französischer Orientreisender.

Thévenot (1633–1667) war ein französischer Asienreisender, Naturwissenschaftler und Botaniker, der den Kaffee in seinen Reisebeschreibungen „Relation d'une Voyage fait au Levant" schilderte und dem Getränk nach der Veröffentlichung seiner Schriften (1665) zum Durchbruch in Frankreich verhalf. Das erste Café in Paris eröffnete 1686.

13. Wer war Suliman Aga?

1669: Ein türkischer Botschafter des Sultan Mehmed IV. Suliman Aga in Paris brachte den Kaffee an den Hof des Sonnenkönigs Louis XIV. und machte ihn zur Mode in Frankreich. Der Sonnenkönig selbst bevorzugte ein anderes modernes Getränk: Chocolat.

14. Wer war **Antonius Faustus Naironi?**

1671: Faustus Naironi war ein syrischer Professor in Rom, der als erster dem Kaffee Heilerfolge bei zahlreichen Leiden attestierte. Darüber hinaus ist er Überlieferer der Legende vom „Kaffee und den Ziegen", verfasst in lateinischer Sprache.

15. Wer war **angeblich der erste Kaffeesieder Wiens?**

1683: Franz Georg Kolschitzky.

Um Franz Kolschitzky ranken sich zahlreiche Mythen: erster Kaffeesieder Wiens, Erfinder der Melange und des Kipferls. Keine dieser Legenden dürfte jedoch wahr sein. Kolschitzy ist jedenfalls nicht der erste Kaffeesieder Wiens. Erwiesen ist, das Kolschitzky als Dolmetscher für das kaiserlich-österreichische Heer arbeitete und 1683, als die Türken vor Wien lagen, erfolgreich durch die feindlichen Linien hin und zurück gelangte und Wien die Botschaft überbrachte, dass das polnische Ersatzheer bereits eingetroffen sei. Mit der guten Nachricht im Rücken begann man erfolgreich, die Türken zurückzuschlagen. Nach der Schlacht flohen die Türken und ließen ihr Hab und Gut zurück, darunter auch Kaffee, den die Wiener zuerst für Kamelfutter hielten. Kolschitzky bat sie für sich aus und eröffnete das Kaffeehaus „Zur blauen Flasche". Doch es ist erwiesenermaßen – nicht das erste Kaffeehaus Wiens.

16. Wer war **tatsächlich der erste Kaffeesieder Wiens?**

1685: Johannes Diodato.

Der Armenier Owanes Astouatzatur, der sich Johannes Diodato (auch Deodat oder Theodat) nannte, war Händler in Wien und wurde von den Habsburgern als Spion engagiert. Er erhielt am 17. Januar 1685 das kaiserliche Privileg, 20 Jahre lang als Einziger in Wien Kaffee ausschenken zu dürfen. So eröffnete 1685 das erste Wiener Kaffeehaus in der heutigen Rotenturmstraße 14 im Privathaus Diodatos (heutiges Haus Café Daniel Moser). Diodato konnte sich aber nicht lange seines Monopols erfreuen. Bereits 1686 erhielten drei weitere Personen das Privileg, Kaffee ausschenken zu dürfen – darunter auch Kolschitzky. Trotz einiger Protestschreiben Diodatos erhielten immer mehr Personen die Erlaubnis, Kaffee auszuschenken.

17. Wer war **Procopio dei Coltelli?**

1686: Procopio dei Coltelli aus Palermo war Gründer des ersten Kaffeehauses in Paris und Wegbereiter eines neuen Betriebstyps, nämlich des Eis-Salons.

18. Welcher englische Kaffeesieder war der Begründer des modernen Versicherungswesens?

1688: Edward Lloyd.

Edward Lloyd hatte 1688 sein Kaffeehaus in der Londoner Tower Street eröffnet, das dann in die Lombard Street übersiedelte. Hier wetteten Kapitäne und Kaufleute, welches Schiff aus den Kolonien in den Heimathafen zurückkehren würde und welches nicht. Die Geschäftsleute versuchten, ihr Risiko zu minimieren, indem sie die erwarteten Schiffsladungen gegen Havarie versicherten. Kam das Schiff zurück, hatte der Eigner die Wette verloren und Lloyd strich das Wettgeld ein. Sank das Schiff, musste Lloyd für den Verlust aufkommen. Edward Lloyd veröffentlichte für seine Gäste das Nachrichtenblatt „Lloyd's List", das neben den Tagesneuigkeiten auch die Liste der Schiffe enthielt, die seine Kunden versichert hatten. Daraus wurde die weltweit größte Vereinigung von Einzelversicherten.

19. Wer brachte den Kaffee nach Java?

1696: Nicolaas Witson.

Witson war Bürgermeister in Amsterdam und dafür verantwortlich, dass der Kaffee auf die niederländische Kolonie Java gelangte (durch Hendrik Zwaardekroon).

20. Wer brachte als erster die Kaffeepflanzen nach Indonesien?

1704-1709: Joan van Hoorn.

Van Hoorn war holländischer Generalgouverneur von Niederländisch-Ostindien und ließ in den hier erwähnten Jahren als erster Kaffeepflanzen in Sri Lanka und Indonesien anbauen.

21. Welcher französische Marineoffizier begründete die Kaffeeplantagen in der Karibik, Zentral-, Mittel- und Südamerika?

1720: Gabriel Mathieu De Clieu.

Der französische Marineoffizier Gabriel Mathieu De Clieu (in verschiedenen Quellen auch „Desclieux" geschrieben) brachte 1720 einen Kaffeestrauch auf die Insel Martinique in den Antillen, wo er als Chevalier stationiert war. Getrieben vom Wunsch

nach Verbesserungen auf der Insel, gelang es De Clieu, eine königliche Genehmigung zum Erhalt von Kaffeepflanzen aus dem Jardin des Plantes (Gewächshäusern von Versailles) zu erlangen. 1714 hat Louis XIV. einige Pflanzen von den Holländern erhalten, die diese von ihren Kolonien in Java mitgebracht hatten. Am 8. Oktober 1720 stach De Clieu in Rochefort mit zwei Kaffeepflanzen auf der „Dromadaire" in See. Eine der Kaffeepflanzen überlebte die beschwerliche Reise, nicht zuletzt dank der sorgsamen Pflege des Offiziers De Clieu, der für diese Heldentat zum Gouverneur von Guadeloupe ernannt wurde. Von den Antillen wurde der Kaffee nach Französisch-Guayana weiter expandiert.
Die Holländer schickten in 1718 von Amsterdam aus Pflanzen nach Surinam, von wo es die Franzosen in 1722 ebenfalls nach Französisch-Guayana brachten. Von dort aus erfolgte die Verbereitung nach Martinique und von dort wiederum nach Brasilien (1727) und Jamaica (um 1730).

22. Wer war Francisco de Melo Palheta?

1727: Francisco de Melo Palheta war ein brasilianischer Hauptfeldwebel, der zu einer diplomatischen Mission nach Französisch-Guayana reiste, unter anderem auch mit dem Vorhaben, die damals begehrten Samen und Schösslinge der Kaffeepflanze mitzubringen. Er erfüllte die Mission und der Siegeszug Brasiliens zum Kaffeeland No1 begann.

23. Wer begründete die Boston Tea Party?

1773: Samuel Adams.

Die Boston Tea Party bezeichnet die Auflehnung von mehreren nordamerikanischen Kolonien in der Stadt Boston gegen die hohe Steuerbelastung durch das Mutterland Großbritannien, indem eine Ladung Teefässer ins Hafenbecken geworfen wurde.

24. Welcher deutsche König versuchte, den Kaffeekonsum seiner Untertanen zu reglementieren?

1781: Der preußische König Friedrich der Große.

Nach dem Siebenjährigen Krieg gegen Maria Theresia war Preußen in Geldnot. Um keine wertvollen Devisen zu verschwenden, wollte Friedrich der Große den Kaffeekonsum einschränken. Nur die königlichen Röstereien durften Kaffee brennen (staatliches Kaffeemonopol). Die Bürger jedoch schmuggelten die Bohnen ins Land und brannten sie heimlich zu Hause. Um dies zu unterbinden, schickte der König Kontrollbeamte aus, im Volksmund „Kaffeeschnüffler" genannt. Da beim Rösten ein typischer Geruch entsteht, gingen die Beamten in jedes Haus, in dem sie Schwarzbrennerei vermuteten und konfiszierten den Kaffee. Diese Regelung wurde erst mit dem Tod Friedrichs des Großen aufgehoben.

25. Wer hat das Koffein entdeckt?

1820: Der Deutsche Ferdinand Runge.

Friedlieb Ferdinand Runge war der Entdecker des Koffeins („1,3,7-Trimethyldioxypurin" bzw. „1,3,7-Trimethylxanthin").

26. Wer war der Erfinder des erfolgreichsten Kaffeehausstuhles?

1859: - Michael Thonet.

Michael Thonet war ein gebürtiger deutscher Tischlermeister, der in Österreich seinen Durchbruch schaffte, und mit dem „Konsumstuhl Nr. 14" den Stuhl aller Stühle für Tausende von Kaffeehäusern ins Leben gerufen hat.

27. Wer ließ die erste Kaffeemaschine patentieren?

1901: Der Mailänder Ingenieur Luigi Bezzera meldete die erste Espressomaschine 1901 zum Patent an.

28. Wer hat den Papierfilter erfunden?

1908: Die deutsche Hausfrau Melitta Bentz ist die Erfinderin des Papier-Kaffeefilters.

29. Wer war Achille Gaggia?

1938: Achille Gaggia kam auf die Idee, Wasser mit Druck durch Kaffeepulver zu pressen und dadurch eine Crema zu erzeugen. Er meldete die Erfindung 1938 als Patent an (Kolbenmaschine mit Spiralfeder).

30. Wer waren Francesco und Ernesto Illy?

20. Jahrhundert: Sie gründeten den Weltkonzern illy caffè. Francesco ist der Konstrukteur der sogenannten Illy Illetta, einer Apparatur, die als Vorläuferin aller heute üblichen Espressomaschinen gilt. Mit der Erfindung der patentierten Inertgastechnik gelang ihm die Haltbarmachung des handelsfertigen Kaffees unter Beibehaltung aller Aromen und Inhaltsstoffe.

ZEIT
FÜR GENUSS
Tassen-Serie
KENIA
rastal
DAS GLAS. Und mehr.

BOURBON
SPECIALTY COFFEES
SÃO PAULO
MINAS GERAIS
ALTITUDE 1380 m (aprox.)
MINAS GERAES

Ein (gutes) Kaffeeshop im Netz heißt große Auswahl, Stöbern, Hintergrundinformation und Einkaufen ohne Zeitdruck.

Armin Luginbühel, kaffeezentrale.ch

1. Ist das Produkt Kaffee netztauglich?

Generell ist Kaffee überaus netztauglich, mehr als jedes andere Produkt, schon alleine deshalb, weil es wohl keinen Laden gibt, der wirklich in der Lage ist, ein so großes und weitreichendes Sortiment aufzubauen wie der Kaffeeladen im Internet. Gibt der Händler auch noch ausreichend Informationen zu den Produkten selbst, vergrößern sich die Vorteile für den Kunden umso mehr.

2. Was wird im Netz vorwiegend gekauft?

Natürlich wird das Internet dazu benutzt, Preise zu vergleichen, aber gleich vorab, das Internet ist nicht billiger als der „Kaffeeladen ums Eck". Und das wird auch durch das Kaufverhalten der Kunden belegt. Gekauft wird nicht der billigste Kaffee, sondern im Netz werden hochwertigere Sorten allenfalls „günstig" gekauft.

3. Worin liegt der Nachteil des Internet-Einkaufs?

Ein eventueller Nachteil des Netzshops liegt vielleicht darin, dass man die verschiedenen Packungen nicht „live" sehen und anfassen und den Verkäufer vor Ort nicht befragen kann. Andererseits stellt sich die Frage, ob das Lesen von Verpackungstexten wirklich hilfreich ist und ob man über das Netz – in guten Shops – nicht ohnehin ausreichende, wenn nicht sogar bessere Informationen erhält.

Dem Nachteil des nicht vorhandenen persönlichen Kontaktes und der Möglichkeit Fragen stellen zu können, steht das ungenierte Stöbern ohne Verkaufsdruck gegenüber.

4. Was sind die wichtigsten Vorteile von guten Kaffee-Shops im Netz?

- großes Sortiment regionaler, nationaler und internationaler Marken
- viele Informationen zu Qualität, Zubereitungsart und Trinkgewohnheiten
- ungeniertes Stöbern mit Entscheidungshilfen durch Bewertungen
- aktuellste Produkte rund um den Kaffee
- einfachste Lieferung oder auch Selbstabholung

5. Soll man auf die Fachkompetenz achten?

Unbedingt. Auf den ersten Blick lässt sich im Netz nicht immer ein allumfassender Eindruck gewinnen, doch lohnt es sich, über den „Chef", den Betreiber der Seite mehr erfahren zu wollen.

6. Welche Typen von Kaffeeshops im Netz gibt es?

- Ein Röster versucht natürlich „seine Produkte" zu verkaufen, steht andererseits aber auch im Konflikt mit den eigenen Händlern.
- So mancher Importeur führt das eine oder andere Produkt wohl nur als Alibi „im Regal", will man es bestellen ist es jedoch „meistens ausverkauft", „gerade nicht lagernd" oder „nur in großen Mengen" lieferbar.
- Die „Allesverkäufer" leiden einfach an einem Kompetenzmangel. Topprodukte sucht man einfach nicht beim Bauchladenverkäufer, sondern beim Spezialisten.
- Die Kaffee-Spezialisten des Handels hingegen kann man oft durch verschiedenste Merkmale erkennen, wie z.B. durch ein reiches Angebot, Liebe zum Detail, eine anregende Gestaltung, hohen Informationsgehalt, Bewertungen von Shops und allenfalls auch von Kunden.

7. Welche Details machen den „kleinen Unterschied"?

Kaffee zählt mittlerweile zum Lifestyle – und Lifestyle sollte man auch erkennen können, zum Beispiel durch eine sichtbare Freude an dem Produkt Kaffee, an den Neuheiten, der Pflege des Sortiments, an den Details, an der – liebevollen – Verpackung, wie das Produkt bei Ihnen ankommt und an allem anderen, das den Anbieter besonders macht (Mehrwert auf der Site, wie Goodies, Testwaren, Gewinnspiele, etc.).

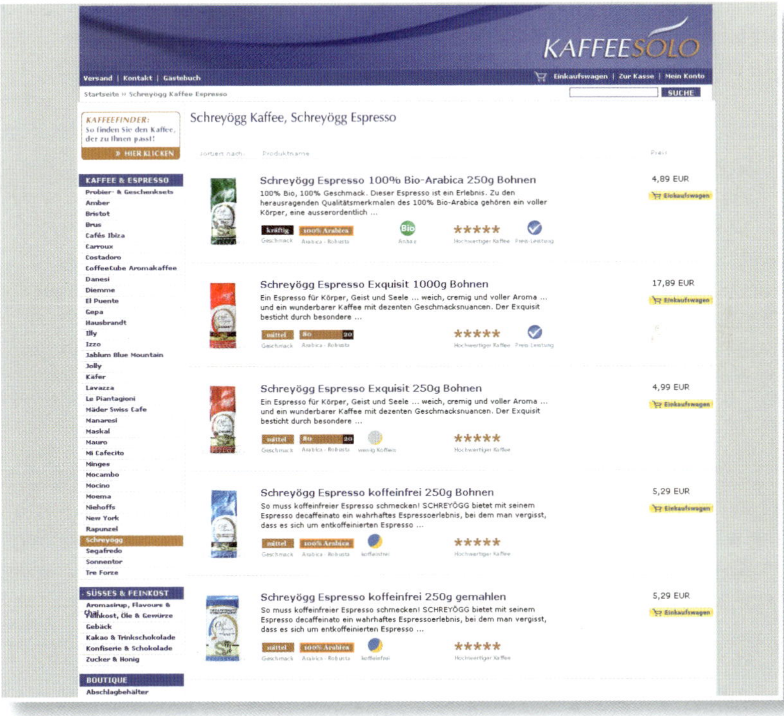

8. Tipps und Tricks im Überblick:

- Den Warenkauf ausprobieren! Die guten Shops bieten auch kleine Mengen zum Testen für eine erste Bestellung.
- Die Website ausreichend auf Informationsgehalt untersuchen!
- Die Reaktionszeiten testen (auf Antworten, Anfragen, Bestellungen, etc.).
- Stellen Sie Fragen: Kennt sich der Betreiber mit Kaffee aus? Werden Ihre Fragen beantwortet?
- Beäugen Sie das Sortiment! Bleibt das – solide – Grundangebot immer gleich?
- Schauen Sie auf die Vernetzung der Firma! Gibt es Backlinks, zum Beispiel von renommierten Lieferanten oder Kaffee-Foren?
- Wer liefert die Bestellung aus? Post oder bekannter Logistiker?
- Gefällt die Gestaltung des Shops und sind die Bilder der Kaffees detailgetreu?
- Welche Zahlungsmöglichkeiten gibt es?

9. Was ist bei der Frische der Ware zu beachten?

Generell gilt, je mehr ein Shop umschlägt, desto frischer ist die Ware. Grundsätzlich sollte man beobachten, ob der Shopbetreiber „lieferantentreu" ist. Auch beim „Kaffeeladen ums Eck" wird nicht täglich die Ware getauscht. Ein gutes Standardsortiment gehört einfach dazu! Oft stecken nämlich hinter anders ablaufenden Vorgängen (ablaufende) Restposten oder Abverkäufe. Einige Shops rösten auch auf Bestellung.

10. Worauf sollte man beim Shop-Auftritt achten?

Im Auftritt unterscheiden sich die meisten Shops untereinander. Gelingt es dem Shopbetreiber Atmosphäre aufzubauen, entsteht eine gelungene Kaffeewelt? Oder finden Sie einzelne Kaffeeprodukte zwischen Büchern, Reisetipps und Autozubehör wieder? Viele Shopbetreiber schaffen es exzellent, eine Welt zwischen Barista-Accessoires, Zubehör und anregenden Genusswelten aufzubauen. Auch Verbindungen zu verwandten Trinkprodukten wie z.B. Tee und Schokolade sieht man immer häufiger.

11. Welche Kriterien sind beim Einkauf besonders wichtig?

Besonders die Einfachheit bei der Anlieferung der Ware wird von vielen als eines der wichtigsten Kriterien für den Einkauf im World Wide Web genannt: im Sortiment gustieren, Produkte auswählen und bestellen und die – meist schwere – Ware wird nach Hause geliefert.

12. Wo liegen weitere Vorteile gegenüber dem Ladenkauf?

Während jeder Laden an gewisse Zeitverzögerungen bei der Produkterweiterung gebunden ist, kann jeder Internetshop sofort reagieren, besser noch, agieren und neue Produkte absolut aktuell auf den Markt bringen. Große Fachgeschäfte, die ähnliches leisten können, sind ohnehin eher Mangelware. Natürlich hat ein schönes Fachgeschäft mit Verkostungstheke seinen Reiz, besonders wenn mehrere Degustationsmöglichkeiten gegeben sind, aber wer kann einen solchen Laden schon regelmäßig und schnell erreichen? Kreative Shopbetreiber gehen in der Dienstleistung heute schon einen Schritt weiter, nützen die Vorteile des Netzes und geben ihren Kunden immer neue, weit reichende Zusatzinformationen, wie zum Beispiel über die Bekömmlichkeit des Kaffees, den Koffeingehalt oder tageszeitliche Trinkempfehlungen und Einzeltassenpreise.

13. Welche Fragen sollten Sie sich beim „Eintritt" in ein Webshop stellen?

- Ist die Übersichtlichkeit gegeben?
- Gibt es eine ausreichende Produktpalette?
- Wie schnell wird die Bestellung ausgeliefert?
- Gibt es einen einfach zu bedienenden Warenkorb?
- Ist der Bestellprozess transparent?
- Wie hoch sind die Preise für Lieferung bzw. Mindestbestellmengen im Vergleich?
- Wie sieht es mit dem Service aus? Wie lange ist die Reaktionszeit auf die Anfrage? Gibt es eine Hotline?
- Welche Bezahlvarianten gibt es?
- Wird die Lieferzeit angegeben?
- Kann der Lieferant seine Versprechungen einhalten? Funktioniert die Lieferung?
- Ist die Ware in einem einwandfreien Zustand, auch frisch?

14. Welche Kriterien zur Sicherheit der Site sollten erfüllt werden?

- Die Firma sollte ihren Sitz im Bestell-Land haben.
- Die AGB's sollen Auskunft und Info über Rechte geben.
- Ist die Sicherheit bei der Übermittlung der Daten gewährleistet?

15. Welche Bezugsquellen gibt es für Österreich, Deutschland und die Schweiz?

Nachfolgend finden Sie einen Auszug aus den diversen Shops, wobei wir nur diese Shops angeführt und bewertet haben, die sich auf Kaffee und Kaffeeprodukte spezialisiert haben. Die Auflistung hat keinen Anspruch auf Vollständigkeit.

Online Kaffeeshops

AT / Österreich:
www.kaffee-eshop.at

CH / Schweiz:
www.kaffeezentrale.ch
www.premium-kaffee.ch
www.feinkost-shop.ch

DE / Deutschland:
www.kaffeezentrale.de
www.kaffeesolo.de
www.espresso-special.de
www.aromatico.de
www.kaffeeabo.de
www.gourvita.com
www.coffee24.de
www.kaffeeshop24.de
www.ichwillkaffee.de

weitere Kaffeeshops in Deutschland:
www.espresso.de
www.espresso-direkt.de
www.espressolino.de
www.kaffee-shop.de
www.espresso-abo.de
www.espressofix.de

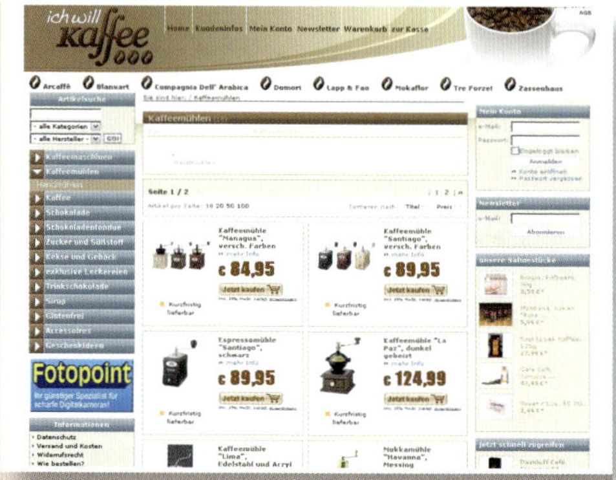

24 Kaffeeröster auf den ersten Klick
Moak
Segafredo
Costadoro
Caffè Ferrari
Mokaflor
Chicco d'Oro
Cubita
Mauro
Blaser Café
Jolly Caffè
Hausbrandt Caffè
Schreyögg
Caffè Diemme
KAFFEE ZENTRALE
www.kaffeezentrale.ch
Caffè New York
Café La Semeuse
Caffè Royal
Rast Kaffee
Bristot
Illycafé
Kaffa Wildkaffee
Amici Caffè
Julius Meinl

Kaffee dehydriert den Körper nicht.
Ich wäre sonst schon Staub.

Franz Kafka

1. Ist Kaffee gesund?

Kaffee ist in normalen Mengen genossen (ca. 4–6 Tassen pro Tag) für den menschlichen Körper völlig unbedenklich.

Darüber hinaus ergeben sich zahlreiche positive Effekte auf Wohlbefinden und Gesundheit, die Kaffee jedoch nicht auf eine Ebene mit lebensnotwendigen Substanzen, wie zum Beispiel Vitaminen oder Spurenelementen stellen. Dennoch kann man Kaffee zweifelsohne als „wohltuend" bezeichnen. Wichtig sind im Bezug auf die Bekömmlichkeit besonders die Röstung und die Zubereitungsart des Kaffees.

2. Hat Kaffee eine anregende Wirkung?

Ja, die Volksweisheit stimmt, Kaffee regt den Kreislauf an.

Während die zentralen Gefäße konstringieren, werden die peripheren Blutgefäße erweitert, wird der Herzschlag erhöht und die Durchblutung aller Organe verbessert – der Blutdruck steigt indes nicht an. Hieraus leiten sich sowohl die kopfschmerzhemmende Wirkung des Kaffees bei gefäßbedingten Spannungskopfschmerzen ab, als auch die appetitsteigernde Wirkung des Kaffees. Koffein beeinflusst auch unser Atemzentrum – die Atmung wird beschleunigt und die Bronchialgefäße erweitert. Der Körper „schaltet" auf Aktivitätsbereitschaft.

Der Kaffee gilt als der „Thinker's Drink", denn die Kaffeebohnen haben eine erstaunliche Wirkung auf unsere grauen Zellen:

- Es entsteht ein Pep-up Effekt (besonders bei Müdigkeit), wobei 1,3,7 Trimethyldioxipurin (Koffein) im Gegensatz zu Theobromin (besonders im Kakao enthalten) nicht über die normale Leistungsfähigkeit hinaus steigernd wirkt.
- Die Gehirndurchblutung (und damit verbunden auch die Konzentrationsfähigkeit) wird gesteigert.
- Koffein wirkt gefäßbedingten Spannungskopfschmerzen entgegen.
- Die Reaktionsgeschwindigkeit und die Aufnahmebereitschaft unseres Gehirns nehmen zu.
- Die mentale Leistungsfähigkeit nimmt ebenfalls zu.
- Alle diese Punkte machen Kaffee zu einem Stimmungsverstärker.

3. Wieviel Kalorien enthält Kaffee?

Nahezu keine, sofern man ungezuckerten Kaffee oder Espresso trinkt.

Eine Tasse Kaffee mit Zucker enthält durchschnittlich ca. 40 Kalorien. Wenn jedoch nach dem Essen eine Jumbotasse „Latte Macchiato" mit Zucker genossen wird, dann stehen schon einmal 380 Kalorien an, was wiederum einer kleinen Mahlzeit entspricht. Hier hilft der Kaffee nicht der Verdauung, sondern man muss den Kaffee erst verdauen. Spannend ist in diesem Zusammenhang die die (durch das Koffein hervorgerufene Appetitsteigerung gefäßerweiternde Wirkung im Verdauungstrakt).

4. Können Kaffeetrinker ihr Gewicht besser halten?

Das stimmt nur bedingt. Koffein erhöht durch vermehrte Durchblutung in der Peripherie den Grundumsatz des Körpers, es werden für dieselbe Tätigkeit oder auch in der Ruhephase mehr Kalorien verbrannt, als ohne Koffein.

Höherer Kaffeekonsum ist mit Gewichtsabnahme verbunden und wurde deshalb lange Zeit im Kraftsport als Mittel zur Gewichtsreduktion eingesetzt. Koffein fördert allerdings das Hungergefühl und kann damit zu sekundärer Nahrungsmehraufnahme führen. Gleiche Phänomene finden sich auch bei Bier – man hat ein vermehrtes Hungergefühl, insbesondere für herzhafte, fetthaltige Speisen.

5. Wirkt ein Espresso nach dem Essen verdauungsfördernd?

Ja, das Koffein regt die Muskeltätigkeit der glatten Muskulatur im Verdauungstrakt (Peristaltik) an und damit auch den Prozess der Nahrungsbreibeförderung im Darm.

Neben der Verbesserung der Peristaltik werden die Produktion von Magensäure und die Gallensekretion angeregt.

Die verdauungsfördernde Wirkung beruht also auf folgenden Prinzipien:

- Vermehrte Durchblutung des Verdauungstraktes
- Stärkere Ausschüttung von Magen- und Gallensäuren
- Verbesserte Peristaltik

6. Nach dem Kaffeekonsum treten oft Magenprobleme auf, woran kann das liegen?

Meist liegt dies an schlecht geröstetem Kaffee (zu schnell bei zu hohen Temperaturen) und einem dadurch zu hohen Anteil an Chlorogensäuren, die als Verursacher von Duodenalgeschwüren (Zwölffingerdarm) ausgemacht wurden.

Meist vertragen Menschen, die mit Magenproblemen zu tun haben, Espresso besser

als Kaffee. Allerdings kann aber auch die verstärkte Sekretion von Magen- und Gallensäuren bei empfindlichen Menschen die Ursache dafür sein – die sowohl von Kaffee als auch von Espresso ausgelöst wird. Der beste Schutz vor Unverträglichkeit von Kaffee ist es, auf die Art der Röstung zu achten. Die Chlorogensäuren werden nahezu vollständig abgebaut, wenn der Kaffee im schonenden Niedertemperatur-Trommelröstverfahren (bis ca. 200 °C) über längere Zeit geröstet wurde. Zugleich ist der so geröstete Kaffee koffeinärmer als Kaffee, der schnell bei hohen Temperaturen geröstet wurde.

7. Kann es sein, dass man durch Kaffee Sodbrennen bekommt?

Ja – Chlorogensäuren sind hier die Hauptursache. Sie sind generell im Rohkaffee vor der Röstung enthalten und können nur durch schonende, langsame Niedrigtemperaturröstung abgebaut werden.

Sekundär wird dieses Sodbrennen aber auch durch zu viele zu süße Speisen ausgelöst, die als Begleiter zum Kaffee konsumiert werden. Hohe Zucker- und Fettmengen sind häufige Verursacher von Sodbrennen.

8. Fördert Kaffee die Entstehung von Magengeschwüren?

Auch hier stehen die Chlorogensäuren im Focus und sind einer der kausalen Faktoren, die bei hohem, unverhältnismäßigem Konsum von zu schnell geröstetem – und damit chlorogensäurehaltigem – Kaffee als eine Ursache von Magen- und Zwölffingerdarmgeschwüren in Erwägung gezogen werden müssen.

Es lohnt sich also, auf die Röstweise des Kaffees zu achten. Es ist aber nicht nur Espresso bekömmlicher, sondern generell jeder gute Kaffee, der bei niedrigeren Temperaturen über längere Zeit geröstet wurde. Die Konsummenge darf dennoch nicht außer Acht gelassen werden.

9. Hilft Kaffee gegen Kopfschmerzen?

Aufgrund seines hohen Koffeingehaltes kann Kaffee gefäßbedingte Kopfschmerzen stillen.

Generell müssen verschiedene Kopfschmerzformen unterschieden werden. Eine eindeutige kopfschmerzstillende Wirkung von Koffein lässt sich pharmakologisch nur durch vasokonstriktive Wirkung an zentralen Gefäßen belegen.

- Spannungskopfschmerz
- Cluster Kopfschmerz
- Zervikogener Kopfschmerz (vertebragener Kopfschmerz)
- Migränekopfschmerz
- Paroxysmale Hemikranie

Bei vasomotorisch bedingten Spannungskopfschmerzen, also durch Gefäßerweiterungen im Zentralen Nervensystem (ZNS) ausgelösten Kopfschmerzen, wirkt Koffein unmittelbar gegen die Gefäßerweiterung und ist damit ein Mittel der Wahl.

10. Raubt Kaffee den Schlaf?

Generell nein, doch wirkt Kaffee auf jeden Menschen anders.

Viel hat er auch mit Tagesverfassung, Körpergewicht, Stimmungslage, Konsumgewohnheiten etc. zu tun. So wird mancher von zwei Tassen am späten Nachmittag munter, während andere nur eine Tasse schläfrig macht. Der Abbau des Koffeins erfolgt unterschiedlich, und zwar zwischen 45 Minuten und 15 Stunden. Die pharmakologisch ermittelte Halbwertszeit liegt bei 5 Stunden. Erwiesen ist allerdings eine zunächst schlaffördernde Wirkung des Kaffees in der ersten halben Stunde nach dem Konsum. In vielen Schlaftherapiezentren wird daher Kaffee exakt vor dem Schlaf verabreicht. Wichtig hierbei ist der Applikationszeitraum unmittelbar vor dem Schlafen. Nach einer halben Stunde setzt dann die aufweckende Wirkung des Kaffees ein, die ihm seinen Namen brachte – „Kahve" ist gleichbedeutend mit „Kraft gebend".

11. Wirkt Kaffee bei allen Menschen gleich?

Die anregende Wirkung entfaltet Kaffee ungefähr 30–45 Minuten nachdem man ihn getrunken hat.

Neuesten Studien zufolge erzielt man den besten Effekt, wenn man das Koffein in kleinen Dosen über den Tag verteilt zu sich nimmt, statt in einem großen Becher am Morgen. Aber Achtung: Kaffee mit Zucker macht nicht unbedingt munter, sondern kann auch schläfrig machen. Wissenschaftler der Universität Loughborough fanden heraus, dass gezuckerte Getränke zwar einen kurzen Kick zum Munterwerden verleihen, danach aber sinkt die Konzentrationsfähigkeit schnell wieder ab. Durch den leicht verfügbaren Zucker steigt der Blutzucker rasch an, fällt aber rapide wieder. Und das kann unter Umständen auch müde machen.

12. Wie wirkt Koffein?

● Biochemisch gesehen wirkt Koffein im ZNS (Zentralnervensystem) durch die Hemmung der Adenosinrezeptoren. Adenosin ist ein Botenstoff, der dämpfend im menschlichen Körper wirkt. Durch die Hemmung dieses Stoffes wird die Wirkung des Adenosin aufgehoben. Die Wirkung wird als psychomotorische Stimulation bezeichnet. Die Müdigkeit verschwindet, die Lernfähigkeit und der Bewegungsdrang nehmen zu. Dieses Wirkungsbild gleicht weitgehend demjenigen nach Weckaminen. Dieser gemütsaufhellende Effekt hat wahrscheinlich zur Annahme einer aphrodisischen Koffeinwirkung geführt.

● Koffein kann offenbar die Symptomatik der Parkinsonschen Krankheit mildern. Dafür wird ebenfalls die Blockade der Adenosinrezeptoren verantwortlich gemacht. Auch Entkrampfung der Bronchien - in sehr hohen Dosen - wird auf denselben Effekt zurückgeführt.

● Die Steigerung der diuretischen Aktivität der Nieren (harntreibend) wird mit einer Steigerung der Nierendurchblutung erklärt. Aus Koffein entsteht im Stoffwechsel jedoch keine Harnsäure.

● Blickt man auf die Liste der Wirkungen von Koffein (Theophyllin) am Herzen, dann zeigt sich, dass Methylxanthine (Koffein, Theophyllin, Theobromin) den Blutdruck eher senken als steigern.

● Überdies ist die Wirkungsverstärkung so genannter schwach wirksamer Analgetika (Schmerzmittel) durch Koffein vielfältig erwiesen.

● Welche Dosis ist gefährlich?

Oberhalb einer Dosis von 200 bis 300 mg Koffein kommt es zu Dysphorien, motorischer Unruhe, Übelkeit und Erbrechen. Die tödliche Koffeindosis wird für den erwachsenen Menschen mit 5 bis 10 g angegeben.

13. Was ist entkoffeinierter Kaffee?

Entkoffeinierter Kaffee enthält nur noch geringste Mengen an Koffein (ca. 10 mg).

Zum Vergleich, eine Tasse Filterkaffee enthält ca. 150 mg Koffein/Tasse und ein Espresso ca. 50–60 mg Koffein/Tasse. Arabica Bohnen besitzen einen Koffeingehalt von ca. 1 bis 1,5 %, Robusta Bohnen ca. 2 %. Ein Kilogramm Robusta Kaffee enthält somit ca. 20 g Koffein. Die deutsche Kaffeeverordnung schreibt vor, dass ein entkoffeinierter Kaffee nicht mehr als 1 g Koffein auf 1 kg Trockenmasse enthalten darf. Beim Entkoffeinieren wird das in den Rohkaffeebohnen enthaltene Koffein herausgelöst. Hierfür gibt es verschiedene Verfahren und Mittel (Wasser, organische Extraktionsmittel oder Kohlensäure). Die in der EU zugelassenen Entkoffeinierungsmittel sind Dichlormethan, Ethylacetat, Kohlendioxid und wässriger Kaffee-Extrakt, aus dem das Koffein mittels Aktivkohle entfernt wird. Die Verfahrensstufen sind: Dämpfen, Entkoffeinieren, Trocknen. Alle Schritte werden bei der grünen Kaffeebohne, also beim Rohkaffee, vorgenommen.

14. Wie geht das Entkoffeinieren vor sich?

Zunächst einmal wird der Rohkaffee bedampft oder mit Wasser vorbehandelt, um die Bohnenoberfläche für das – kristalline – Koffein durchlässig zu machen. Danach wird das Koffein mittels eines Extraktionsmittels aus der Bohne herausgelöst.

a.) Extraktion mittels Trichlorethylen: In einem Behälter werden die Bohnen über längere Zeit in heiße Kaffeeöle eingetaucht. Die in den Ölen enthaltenen Triglyceride entfernen das Koffein aus den Bohnen, jedoch nicht die Geschmacks- und Aromastoffe. Die Bohnen werden anschließend vom Öl separiert und getrocknet.

b.) Dilutionsverfahren („Destillation"): Ist auch als Swiss Water Decaffeination bekannt. Die Bohnen werden in großen Wassertanks gelagert und ständig mit neuem Wasser durchmischt, bis das gesamte Koffein und andere feste Bestandteile herausgelöst sind. Durch einen Aktivkohlefilter wird das Koffein entfernt. Das Verfahren ist besonders teuer, da das mit der Aktivkohle gebundene Koffein nicht zurück gewonnen und somit nicht separat weiterverkauft werden kann. Das Verfahren gilt als umstritten, da auch die Aromen ausgelaugt werden sollen.

c.) Entkoffeinierung mit Kohlendioxid („Destraktion"): Hierbei werden die Rohbohnen in großen Tanks mit CO_2 versetzt. Das CO_2 verdrängt Koffein weitestgehend spezifisch aus den Rohbohnen. Dieser entkoffeinierte Kaffee hat einen typischen, leicht kupferartigen Glanz. Nachteil dieses Verfahren ist der mit dem hohen Aufwand verbundene höhere Preis. Das Verfahren mit dem so genannten „überkritischen" Kohlendioxid wurde vom Kölner Chemiker Kurt Zosel entwickelt und patentiert. Die Entkoffeinierung mit Kohlendioxid ist die heute am häufigsten angewendete Methode.

Die Effekte von Koffein: Koffein erreicht den ganzen Körper, die Wirkung beginnt normalerweise nach 5 Minuten.

- Maximale Wirkung nach 30–45 Minuten
- Die Halbwertszeit beträgt 2–6 Stunden
- Die Dauer der Wirkung beträgt 2–6 Stunden
- Bei Schwangeren wirkt Koffein bis zu 15 Stunden
- Bei Neugeborenen wirkt Koffein bis 30 Stunden
- Bei Rauchern hält die Wirkung „nur" 45 Minuten

15. Macht Kaffee süchtig?

Aus medizinischer Sicht nicht, denn das klassische Suchtverhalten ist nicht gegeben.

Andererseits können leichte Kopfschmerzen einsetzen, wenn die tägliche Kaffeeration nach langer Gewöhnung und hohen Tagesdosen (über 6 Tassen täglich) ausbleibt. Im Normalfall verschwindet der Schmerz nach 1–2 Tagen wieder. Subjektiv geht es einem schlecht, da der tägliche Pep-Up fehlt. Trotzdem wird im Falle von Kaffee nicht von einer Sucht gesprochen, da eine starke körperliche oder psychische Abhängigkeit wie bei Alkohol oder Drogen nicht gegeben ist. Auch die ständige Erhöhung der Dosis ist bei Kaffeetrinkern als Suchtkriterium nicht erfüllt.

16. Erhöht Kaffee den Cholesterinspiegel?

Grundsätzlich nein, Leute mit einer Veranlagung zu hohen Cholesterin sollten jedoch beim Espresso aufpassen.

Im Kaffee befinden sich bestimmte Kaffeeöle, fettähnliche Substanzen wie Cafestol und Kawheol. Diese Öle werden bei der Filtermethode „herausgeholt", in dem sie im Filter(papier) quasi hängen bleiben. Bei Nicht-Filtermethoden, wie zum Beispiel Espresso, werden sie aber vom Körper aufgenommen. Und – nur – bei einer entsprechenden Veranlagung bzw. bei Menschen mit einem erhöhten Cholesterinspiegel, könnte ein überdimensionaler Kaffeekonsum das schädliche LDL-Cholesterin ansteigen lassen und die Blutfettwerte erhöhen.

17. Wirkt sich Kaffee negativ auf die Knochen aus?

Hier scheiden sich die – wissenschaftlichen – Geister!

Einige Studien belegen, dass sich Kaffee negativ auf die Knochendichte bzw. den Knochenstoffwechsel auswirkt. Auch gilt als belegt, dass Kaffee die Ausscheidung von Kalzium erhöht. Deshalb raten auch viele Ärzte Osteoporose-Patienten vom Kaffeekonsum ab bzw. zu einer Kalziumzufuhr. Demgegenüber stehen Studien, dass Kaffee langfristig betrachtet die Ausscheidung von Kalzium nicht erhöht. Und selbst für den Fall einer vermehrten Ausscheidung heißt das noch nicht, dass sich dies negativ auf die Knochendichte auswirkt. Für alle ängstlichen Kaffeetrinker ein Tipp: einfach zwischendurch kalziumversetzte funktionelle Lebensmittel zu sich nehmen. Möglich wäre es auch – falls geschmacklich erwünscht – den Kaffee mit Milch zu trinken. Es gilt jedoch als erwiesen, dass eine osteoporosefördernde Wirkung nur bei hohen Dosen von Kaffee erwartet werden kann. Eine reine kaffeeinduzierte Osteoporose gibt es sicherlich nicht.

18. Beugt Kaffee Diabetes vor?

Ja, eindeutig. Man spricht hier von einer Schutzfunktion des Kaffees in Zusammenhang mit Diabetes Typ 2.

Mehrere Studien belegen, dass Kaffee das Diabetesrisiko im Schnitt halbiert. Ein definitiver Effekt konnte erst bei 2–3 Tassen pro Tag nachgewiesen werden, und auch hier spricht man von noch besseren Ergebnissen bei 4 Tassen und mehr. Bei Frauen nahm das Risiko der Erkrankung noch mehr ab als bei Männern.

19. Verhindert Kaffee Gallensteine?

Ja, wer Kaffee trinkt, bekommt seltener Gallensteine. Dies ist durch zahlreiche Studien der letzten 10 Jahre belegt.

Durchschnittlich gilt, dass das Risiko bei regelmäßigem Kaffeekonsum um ca. 25 % bis zu 45 % gesenkt wird. Dies gilt wiederum für 4 Tassen pro Tag. Auch hier wird die vorbeugende Wirkung dem Koffein zugesprochen, da die Tests mit koffeinfreiem Kaffee allesamt erfolglos blieben. Männer profitieren von der Schutzwirkung übrigens sogar noch etwas mehr als Frauen. Die Wirkung wird von einer vermehrten Bildung von Gallensäuren und einer verbesserten Muskeltätigkeit im Verdauungstrakt abgeleitet.

20. Erhöht Kaffee das Herzinfarktrisiko?

Nein, entgegen aller Warnungen der vergangenen Jahre belegen viele neue Studien eher das Gegenteil. Demnach steigert regelmäßiges Kaffeetrinken diese Gefahr keineswegs.

Es gibt keinen Hinweis dafür, dass Kaffee Verursacher von Herzkrankheiten, -rhytmusstörungen oder -infarkten ist, selbst bei starken Kaffeetrinkern nicht (6 Tassen oder mehr). Neuesten Erkenntnissen zufolge soll das Herzinfarktrisiko sogar vermindert werden. Wer jedoch schwerwiegende Herzrhythmusstörungen hat, sollte sich über seinen Kaffeekonsum mit seinem Arzt unterhalten. Durch veränderte Reizleitung droht hier eine Erschwerung der Symptomatik. Kaffee macht auch nicht nervös: Koffein in normalen Mengen genossen (max. 4–6 Tassen pro Tag) ist für den menschlichen Körper völlig unbedenklich.

21. Schützt Kaffee vor Krebs?

Eindeutig belegen lässt sich das – noch – nicht!

Im Augenblick wird vielfach die Wirkung von Kaffee auf die verschiedensten Krebsarten erforscht, und fest steht, dass sich das Risiko nicht erhöht. Vermutet wird eine schützende Wirkung bei Darm-, Leber- und Blasenkrebs. Ebenfalls vermutet man einen protektiven Charakter bei Dickdarmkarzinomen, der möglicherweise auf die Farbstoffe im Kaffee, die Melanoidine zurückzuführen ist. Melanoidine wiesen im Labor eine wachstumshemmende Wirkung auf diverse Krebszellen auf. Melanoidine bilden sich während der Röstung der Kaffeebohnen bei der sogenannten Maillard-Reaktion durch Umsetzung von Zuckern mit Aminosäuren, Peptiden oder Proteinen. Sie sind verantwortlich für die typische braune Farbe des Kaffeegetränkes. Auch eine Risikoverminderung für die Entstehung von Brustkrebs wird derzeit intensiv wissenschaftlich ins Visier genommen. Doch vieles ist noch nicht endgültig erforscht, und die Entstehung von Tumoren ist natürlich überaus komplex. Ebenfalls leiden viele Studien an einer Überschneidung von Kaffeekonsum und Nikotinkonsum innerhalb der Probandengruppen.

22. Entzieht Kaffee dem Körper Wasser?

„Kaffee dehydriert den Körper nicht, sonst wäre ich schon Staub" – Franz Kafka.

Kaffee ist ein Getränk wie jedes andere, das heißt die Flüssigkeitsversorgung kann auch durch Kaffee gedeckt werden. Der Bohnentrank besteht zu 98–99 % aus Wasser. Es gibt keinen Unterschied in der Flüssigkeitsbilanz im Vergleich mit Wasser oder Tee. Auch die harntreibende Wirkung von Kaffee ist bei Gewöhnung mit der von reinem Wasser oder Tee vergleichbar, selbst wenn Kaffee leicht harntreibend wirkt (diuretische Wirkung). Durch die beschleunigte Harnbildung entsteht das subjektive Gefühl des Wasserverlustes, der immer wieder fälschlicherweise beschreiben wird. Letztendlich wird der Wasserhaushalt des Menschen nicht negativ beeinflusst, denn der Körper des regelmäßigen Kaffeetrinkers kann gegenregulieren und sich vollständig an den harntreibenden Effekt gewöhnen.

23. Erhöht Kaffee den Blutdruck?

Nein, Kaffee erhöht den Blutdruck nicht. Auch kann man erhöhten Blutdruck durch Verzicht auf Kaffee nicht senken.

Bei zahlreichen Studien mit vielen Tausend Teilnehmern, hat man festgestellt, dass Kaffee den Blutdruck nur minimal – und, in vernachlässigender Weise aber beeinflusst. Selbst bei Kaffeeabstinenten ist nur ein leichter Blutdruckanstieg festzustellen, und das nur gering und kurzfristig. Danach sinkt der Blutdruck wieder, zum Teil sogar unter den vorherigen Wert. Es wird daher vermutet, dass Kaffee sogar den Blutdruck senkt, zurückzuführen auf die im Kaffee – durch Röststoffe – enthaltenen Antioxidantien. Im Gegensatz zum Koffein (1, 3, 7 Trime-thyldioxypurin), das zentral

vasokonstriktiv (gefäßverengend) und peripher vasodilatativ (gefäßerweiternd) wirkt, wirkt Theobromin (3, 7 Dimethyldioxypurin) sowohl zentral als auch peripher vasokonstriktiv (und damit blutdruckerhöhend).

24. Hilft Kaffee bei Asthma?

Ja, das im Kaffee enthaltene Koffein hilft bei Asthma, erweitert die Bronchien und kann bei Asthmaanfällen die Atemnot lindern.

25. Ist Kaffee gefährlich in der Schwangerschaft?

Mäßige Koffeinzufuhr in der Schwangerschaft schadet normalerweise nicht. Dennoch stehen sich widersprüchliche amerikanische und europäische Studien gegenüber.

In Bezug auf die Schwangerschaft wurden zahlreiche Studien durchgeführt von denen keine eine unmittelbare negative Wirkung feststellen konnte. Frauen müssen also auf das Genussmittel Kaffee während der der Schwangerschaft nicht verzichten. Das Bundesministerium für Ernährung empfiehlt jedoch nicht mehr als 300 mg Koffein täglich aufzunehmen. Das entspricht ca. 2– 3 Tassen Kaffee. In US-Studien werden Mengen von nicht mehr als einer Tasse pro Tag empfohlen. Eher aufpassen sollte man später beim Stillen da Säuglinge durch ein fehlendes Enzym in der Leber das Koffein nur sehr langsam abbauen können (bis zu 30 Stunden und mehr) und deshalb besonders empfindlich sind.

26. Ist bei Kaffeekonsum aufzupassen?

Nein, grundsätzlich nicht, aber bei Überdosierung und Krankheitssymptomen sollte man Acht geben.

Zu erwähnen ist, dass Koffein – in einer Überdosierung – natürlich auch negative Wirkungen besitzt. Diese reichen von Zittrigkeit und Herzklopfen bis hin zu Schlaflosigkeit. Auch wird im Magen die Magensaftproduktion angeregt, das heißt, dass empfindliche Menschen die Auswirkungen des eigenen Konsums genau beobachten sollten. Im Zweifelsfall gilt auch, haben Sie gesundheitliche Probleme irgendeiner Art, ob mit Herz, Kreislauf, Cholesterin, Blutdruck, Magen etc., fragen Sie bei starkem Kaffeekonsum (ca. ab 6 Tassen pro Tag) lieber Ihren Arzt.

27. Was ist Koffein und wo kommt es natürlich vor?

Als Methylxanthine werden die methylierten Derivate der Harnsäure (Xanthine) bezeichnet. Koffein (1, 3, 7-Trimethylxanthin) ist dreifach methyliert. Das zweifach methylierte Theophyllin (1, 3-Dimethylxanthin) findet auch als Arzneimittel Verwendung.

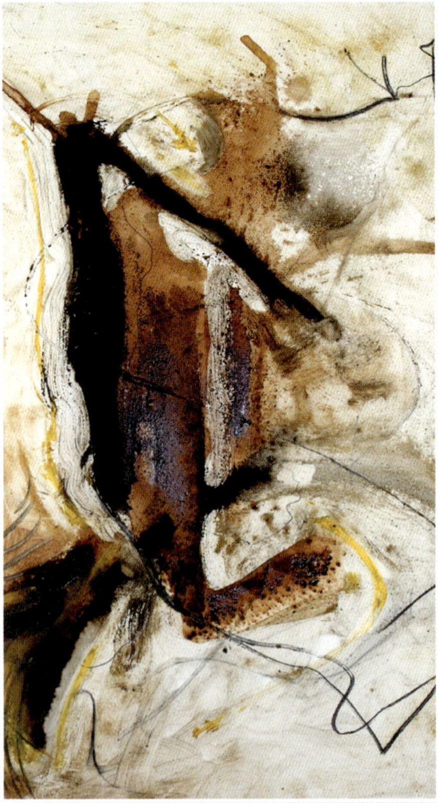

Theobromin (3,7-Dimethylxanthin) trägt ebenfalls zwei Methylgruppen und ist Inhaltsstoff der Kakaobohne. Diese Inhaltsstoffe werden durch Kaffee, Tee, Kakao oder auch Coca-Cola aufgenommen, wobei im letztgenannten Getränk die Samen des Colastrauchs, die fälschlicherweise als Nüsse bezeichnet werden, die Quellen des Koffeins sind. Hier ist jedoch anzumerken, dass in den Colasamen Koffein an Gerbstoff (Tannin) gebunden als so genanntes Colanin vorliegt. Erst während der Lagerung findet die enzymatische katalytische Freisetzung von Koffein aus „Colanin" statt. Dies mag der Grund dafür sein, dass Coca-Cola manchmal als koffeinfrei bezeichnet wird. In der von Pemberten 1885 angegebenen Rezeptur war ursprünglich auch Kocain enthalten, was dann alsbald geändert wurde.

3000ml
espresso
100% arabica
trink
besseren
kaffee
tribeka kaffeebar und rösterei
www.tribeka.at

JAMESON
Established
Since 1780
Triple Distilled
IRISH WHISKEY
TRIPLE DISTILLED MATURED & BOTTLED
IN IRELAND
PRODUCT OF
IRELAND
IMPORTED
KAHLÚA
KAFFEELIKÖR

„Die Italiener haben mit dem „Resentin" einen wahren Kult um die besten Kaffee-destillate entwickelt, sodass man schon fast von Fetischismus sprechen kann."

Wolfram Ortner

1. Welche alkoholischen Getränke eignen sich als die besten Begleiter zum Kaffee?

Am bekanntesten ist sicher der Grappa, doch spezielle Kaffeebrände laufen dem italienischen Klassiker in unseren Breitengraden – vielfach zu Recht – immer mehr den Rang ab. Das hat auch viel damit zu tun, dass sich zu viel schlechter Grappa in unseren Cafés festgesetzt hat.

Von klaren Bränden und Grappa abgesehen, eignen sich auch Cognac (Weinbrand/Brandy), Whisk(e)y, Rum und Bitter- oder Kaffeeliköre hervorragend als harmonischer Begleiter vorwiegend zum Espresso. Die größte Harmonie wird zweifelsohne durch die Kombination von Kaffee und speziellen Kaffeebränden erzielt.

2. Was sind Kaffeebrände?

Kaffeebrände sind 100%ige Destillate, ohne Beigabe von Fremdalkohol, Zucker, oder Aromastoffen.

Diese Bezeichnung für die Begleitung einer perfekten Tasse Espresso gebührt längst nicht allen Destillaten, die ihn – wie man vielleicht annehmen könnte – allein durch hohen Alkoholgehalt oder Fasslagerung in Anspruch nehmen wollen. Dazu gehört einiges mehr. Für Kaffeedestillate eignen sich besonders Brände aus Wildfrüchten, Steinobstsorten, Trauben und Wein, die in Aroma und Geschmack harmonieren – mit und ohne Barrique-Lagerung.

3. Was unterscheidet eigentlich ein Kaffeedestillat von einem „normalen" Brand?

Der besondere Reiz dieser Spezialitäten am Edelbrandsektor besteht in ihrer Dichte und Harmonie aus Frucht und Holz, sowie einer feinen Süße, die ohne Zuckerzugabe bei der Destillation zustande kommt.

Damit wird das Aroma eines Kaffees z.B. aus 100 % Arabica Sorten noch unterstützt. Diese Harmonie entwickelt sich vor allem durch den Ausbau und die Reifung in Barriques, den 225-Liter-Eichenfässern, bis die Sekundäraromen voll zur Entfaltung gelangen. Das Ergebnis sind besondere Destillate, die durch Eleganz und Eigenständigkeit bestechen. Sind bei Zigarren-Destillaten rund 48 % Vol. das passende „Rückgrat", so bevorzugt man bei Kaffeedestillaten rund 42 % Vol., womit sich diese auch als feine Ergänzung zu leichteren Zigarren anbieten.

4. Was ist Resentin?

Resentin ist eine „geistreiche" und kultige Kaffeeprozedur. Kaffeebrände sind heutzutage immer mehr im Kommen. Und die Italiener haben mit dem „Resentin" einen wahren Kult um die besten Kaffeedestillate entwickelt.

Beim Espresso hat sich rund um den letzten Schluck eine kleine Zeremonie entwickelt, die Wolfram Ortner, der Gründer des World Spirits Award (siehe Seite 191), selbst am besten beschreibt: „Nicht wie es die Italiener mit ihrem Corretto tun, bei dem der Grappa direkt in den Kaffee kommt, sondern man trinkt das passende Destillat in kleinen Schlucken zum Espresso und gießt zum Schluss den letzten Rest in die verbleibende Crema des Kaffees." Dieses Procedere wird in Italien unter Genießern auch „Resentin" genannt. Es gibt inzwischen schon „Fetischisten", die sich nicht damit zufrieden geben, das Destillat einfach in den Kaffee zu gießen. Mit einer Pipette wird der Kaffee unterhalb der Creme herausgesaugt und durch das „Wunsch-Destillat" ersetzt, da jede Art von „Flüssigkeit" den intensiven Geschmack einer „Droge" vermindert. So wird diese Variante zur puristischsten und geschmacklich intensivsten Art, sich von der Harmonie eines Kaffees mit einem edlen Destillat verführen zu lassen.

5. Sensorische Grundregeln bei der Kaffee und „Good Spirit" Verkostung?

- Je heißer die Temperatur des Kaffees, desto höher ist die Empfindlichkeit für Alkoholschärfe (wenn die Maschine zu heiß ist, verbrennen die ätherischen Öle des Kaffees).
- Je kräftiger der Kaffee (Robusta), desto harmonischer bindet sich die herbe Süße eines Destillats in das Geschmacksbild ein.
- Je kräftiger der Kaffee, desto dichter und kräftiger muss das Destillat sein.
- Alle Produkte, die in Richtung Fruchtsüße gehen – wie etwa die Marille – wurden von den Verkosterinnen bevorzugt.
- Zu fruchtige Brände sind in der Kombination mit dem Kaffee auf der Verliererstraße.
- Allrounder zum Kaffee (von Arabica bis Robusta) sind Grappe ohne Zucker.
- Steinobst-Produkte mit intensivem Bittermandelton werden von starken Kaffees regelrecht zerstört.
- Würze bzw. Kräuterwürze (z.B. bei Grappa) sind bei Kaffees mit hohem Robusta Anteil eher ein Beitrag zur Harmonie.
- Holzgelagerte Produkte tun sich in der Harmonie leichter als klare Destillate.
- Das Harmonie-Empfinden beim Kaffeegenuss hängt von persönlichen Vorlieben ab, bei den Profis wird nur Espresso ohne Zucker (oder allerhöchstens mit einer Minimaldosis Zucker) verwendet.

6. Was ist Grappa?

Einer der bekanntesten Begleiter zum Kaffee ist der Grappa, das hochgeistige Nationalgetränk der Italiener. Der Grappa wird dabei – je nach Vorliebe – in den Kaffee gegeben (Caffè Corretto) oder separat zum Kaffee serviert und getrunken.

In den letzten Jahrzehnten ist der Grappa vor allem in unseren Breitengraden nicht zuletzt durch den Einzug in die Topgastronomie zum Kultgetränk avanciert. Für die Spitzenprodukte des (mittlerweile verstorbenen) Romano Levi oder eines Capovilla Vittorio muss man dann auch dementsprechend tief bis sehr tief in die Tasche greifen.

7. Ist Grappa gleich Grappa?

Grappa ist ein Tresterbrand. Er wird aus den Rückständen, die bei der Weinpressung bzw. der Weinerzeugung entstehen, gewonnen.

Der italienische Winzer liefert den Trester an eine der rund 120 Destillerien, die wiederum den von ihnen erzeugten Alkohol nach einer vorgeschriebenen staatlichen Kontrollanalyse an die ca. 4.000 regionalen Abfüller abgeben. Die großen Unterschiede in der Qualität rühren nicht zuletzt von der Gesetzgebung her, die eine nivellierende industrielle Produktion ermöglicht, bei der Aroma und Sorte verloren gehen. Denn Zucker darf ebenso zugesetzt werden (bis zu 20 Gramm pro Liter wie Aromastoffe (3 %) oder andere Destillate (Neutralalkohol, Monopolsprit). Der sortenreine Qualitätsgrappa wird daher meist nur bei Kleinstbetrieben oder auf dem Papier gefunden. Besonders die Zuckerbeigabe ist ständiges Diskussionsthema in Expertenrunden. Als Faustregel gilt: je minderwertiger ein Produkt, desto mehr Zucker. Eine EWG Verordnung bestimmt, dass die Bezeichnung „Grappa" nur für einen in Italien hergestellten Tresterbrand verwendet werden darf. Ausnahme ist das schweizerische Tessin. Der Mindestalkoholgehalt liegt bei 37,5 %. Gebrannt wird er grundsätzlich überall dort, wo es Wein gibt, einen besonders hohen Stellenwert hat er jedoch in den norditalienischen Weinbauregionen Toskana, Friaul und Piemont.

8. Wie wird Grappa hergestellt?

Der Trester, die festen Rückstände bei der Weinherstellung (wie Kerne, Schale oder Kämme) werden direkt destilliert, ohne Zugabe von Traubenmost.

Je frischer der Trester, desto höher das Fruchtaroma. Durch das Erhitzen der Trester wird der Alkohol herausgekocht und verdampft. Der Dampf läuft über mehrere so genannte Kolonnen und wird dabei immer mehr konzentriert. Oft wird der Brennvorgang bis zu 10mal wiederholt, sodass der (Alkohol-) Gehalt steigt. Der „ölige" Charakter des Grappa stammt von den hohen Temperaturen bei der Herstellung (100 bis 120 °C). Grappa kann aus dem Trester einer oder mehrerer Traubensorten gewonnen werden, doch immer mehr steigt die Nachfrage nach dem sortenreinen Grappa. Eine Besonderheit ist der aromatisierte Grappa, bei dem der Brand mit Kräutern und Pflanzenteilen versetzt wird (bevorzugt sind Wacholder, Rosmarin oder Beeren). Oft wird der Grappa auch durch die Lagerung in Holzfässern „verfeinert". Je nach „Philosophie" werden dafür französische Barriques, slowenische Eiche, aber auch Esche, Apfel, Birne, Kirsche, Kastanie, Wacholder oder Maulbeere verwendet.

9. Gibt es besondere Grappa-Qualitätsbezeichnungen?

Ja – sie heißen „invecchiata, stravecchia und riserva" und verraten, dass der Brand mindestens sechs Monate oder länger im Holzfass gelagert wurde.

10. Was ist die Trinktemperatur für Grappa?

Trinkt man ihn pur, sollte er „Zimmertemperatur" also 16 bis 18 Grad Celsius haben (ein eher ungeheiztes Zimmer). Jungen Grappa kann man auch kühler servieren, er wird aber nie eiskalt getrunken.

11. Wie schmeckt Grappa eigentlich?

Der erste Eindruck bei Grappa erinnert meist stark an vergorene Trauben, er schmeckt eben traubig, „raumergreifend" und vollmundig. Oft intensiv, subjektiv stark und manchmal brennend, besonders für ungeübte Spirituosentrinker (speziell bei Industrieware). Grappa polarisiert, er wird oft mit der Aussage „lieben oder hassen" in Verbindung gebracht, da es nur das Entweder oder das Oder gibt. Ein bisschen schmecken gibt es nicht.

12. Was ist Marc?

Der Grappa heißt in Frankreich Marc, wobei vor allem durch ein strengeres Gesetz bei der Herstellung die rustikale Massenware verhindert werden soll. Die Bezeichnung Marc ist in Verbindung mit der Herkunft und dem jeweiligen Weinanbaugebiet an einen genau geregelten Produktionsablauf gebunden. So wird dann der „Marc de Champagne", „Marc d'Alsace" oder der „Marc de Bourgogne" auf den Markt gebracht.

13. Was ist Träsch?

So heißt der Tresterbrand in der Schweiz

14. Was sind Spirituosen?

Als Spirituosen bezeichnet man alle gebrannten Getränke. Sie lassen sich aus jedem Material destillieren, das vergoren werden kann und genügend Zucker enthält, der sich in Alkohol umwandeln lässt.

Zu den wichtigsten dieser Materialien zählen:

- Obst (wie Äpfel, Birnen, Kirschen, Pflaumen, Aprikosen, Himbeeren, Mischobst)
- Getreide (z.B. Whisk(e)y, Wodka, ...)
- Wacholder (Gin, Genever, ...)
- Reis (Sake, Arrak, ...)
- Wein (Cognac, Brandy, Weinbrand, ...)

- Traubenrückstände (Tresterbrand, Grappa, Marc, ...)
- Zuckerrohr (Rum, Cachaca, ...)
- Wurzeln und Kräuter (Kräuterliköre, Bitters wie Ramazotti, Fernet, Alpestre, ...)

15. Was sind Kaffeespirituosen?

Das sind Spirituosen bzw. Geiste, in denen Kaffeebohnen in reinem Alkohol „mazeriert"und nach einigen Tagen destilliert werden.

16. Was ist Rum?

Original Rum ist ein Destillat aus Zuckerrohr oder Zuckermelasse. Er stammt aus der Karibik bzw. von den westindischen Inseln.

Wesentlicher Bestandteil ist die Zuckerrohrmelasse, der unveränderte Reste einer früheren Gärung und Hefepilze beigesetzt werden. Es folgen die Gärung und anschließend die Destillation der vergorenen Maische. Danach werden dem Destillat verschiedene Würz-Dosagen beigemengt. Anschließend wird der Rum gelagert. Weißer Rum lagert in vorbehandelten Fässern, die keine Farbe abgeben oder in Stahltanks, während brauner Rum seine Farbe aus Eichenholzfässern bekommt. Reicht der Farbton „braun" nicht aus, darf auch mit Karamellzucker nachgeholfen werden. Grundsätzlich wird der Rum mit einem Alkoholgehalt zwischen 62 und 81 % hergestellt. Teilweise wird dann das Destillat durch die Zugabe von destilliertem Wasser auf eine Trinkstärke von 40–43 % reduziert. Reiner, alter Rum ist edlem Cognac oder Whisk(e)y in der Qualität ebenbürtig!

17. Was sind Brandy und Cognac?

Die berühmtesten Weinbrände stammen aus Frankreich und heißen Cognac bzw. Armagnac (es handelt sich um zertifizierte Lagen und Gebiete, die diese Namen verwenden dürfen). Da das Destillieren von Weintrauben kein ungelöstes Geheimnis ist, gibt es auch exzellente Brände (Brandies) aus allen bekannten Weinländern wie Italien, Spanien, Österreich, Griechenland, Deutschland, Portugal uvm. Echte Weinbrände werden nach der Cognacmethode ausschließlich aus Wein gebrannt.

Cognac ist ein Destillationsprodukt von Weißweinen, die ausschließlich aus dem gesetzlich geschützten Gebiet der Charente kommen. Die Charente liegt nördlich von Bordeaux, mit der Stadt Cognac als Zentrum.

18. Woraus besteht Whisk(e)y?

Whisk(e)y ist der bedeutendste Getreidebrand und kommt ursprünglich aus Schottland. Heute unterscheidet man 4 Whisk(e)y-Arten, die alle unterschiedlich schmecken.

- Scotch
- Irish – verschiedene Getreide, kein Rauchgeschmack
- American – Bourbon (Kentucky Mais) oder Rye (Nordstaaten – Roggen/Rye)
- Canadian Whiskey (Roggen und Mais)

19. Was ist Maltwhisk(e)y?

Maltwhisk(e)y besteht aus reiner Gerste, die zum Keimen gebracht wird. Die gekeimten Körner werden danach über dem Torffeuer gedarrt.

Grain Whisk(e)y besteht aus verschiedenen Getreide- oder Hafersorten, Straight Whisk(e)y aus reinem, unverschnittenem „Malt oder Grain". Bei Blended Whisk(e)y wird nach der Lagerung „malt und grain" miteinander verschnitten.

20. Was sind Liköre?

Liköre sind gesüßte, aromatisierte Spirituosen. Das Ausgangsprodukt ist Branntwein, auch Weingeist oder Sprit genannt (Äthylalkohol, Neutralalkohol). Er wird mit Farbstoffen, Duft- oder Geschmackstoffen versetzt. Man unterscheidet Edelliköre (aus hochwertigem Alkohol) und Tafelliköre (aus Neutralalkohol).

Man unterscheidet mehrere Verfahren:

1.) **Destillationsmethode (auch Infusionsmethode):** die Destillation aus Wasser-, Alkohol- und Kräutergemischen ergibt besonders feine Rohspirituosen.

2.) **Perkolations- oder Filtriermethode:** auf einem Filter liegen die Früchte, Gewürze, Blätter oder Kräuter, von unten steigt der Alkoholdampf auf, nimmt die Aroma- und Geschmacksstoffe auf und tropft kondensiert wieder in den unteren Teil des Filters.

3.) **Emulsionsmethode:** die Ingredienzien werden homogenisiert.

4.) **Kompositionsmethode:** Äthylalkohol wird mit künstlichen Essenzen versetzt.
   a.) **Mazeration:** bedeutet Kaltauszug. Hier werden die Bestandteile mit Neutralalkohol angesetzt und einer mehrwöchigen Extraktion überlassen.
   b.) **Digestion:** ist ein Heißauszug der Aromastoffe mittels Neutralalkohol.

21. Welche Liköre gibt es?

Unter anderem gibt es Kräuterliköre, Gewürzliköre, Bitterliköre, Kakaoliköre und Kaffeeliköre.

Kräuterliköre sind aus Fruchtsäften, natürlichen Auszügen aus Kräutern, natürlichen ätherischen Ölen und Zucker hergestellte Liköre, die meist einen leichten aromatischen Bittergeschmack aufweisen.
Gewürzliköre sind in Geruch und Geschmack kräftig, aromatisch und stark würzig. Die Farbskala reicht von lichtbraun über grün bis dunkelbraun. Der Gewürzlikör kommt im Normalfall mit ca. 40 % Vol. in den Handel.
Kakaoliköre können als weiße (klare) bis leicht gelbliche Destillatsliköre oder als hellbraune bis dunkelbraune Extraktliköre aus Kakaoextrakt oder Kakaodestillat hergestellt werden. Künstliche Aromastoffe sind nicht erlaubt, Vanille kann zugesetzt werden. Die herbe Kakaonote ist ein typisches Charakteristikum.

22. Was sind Bitter?

Bitterliköre ist eine Sammelbezeichnung für „Bitters". Die Unterteilung erfolgt in Würzbitter, Magenbitter, Starkbitter, bittere Liköre und Starkbitterliköre. Das typische Merkmal ist der ausgewogene herb-bittere aromatische Geschmack.

Die meisten Rezepte der „großen Bitter" stammen von Ärzten, Apothekern oder Klosterbrüdern, die meist auf der Suche nach Heilgetränken waren. Ein Bitter ist ein Likör, dem verschiedene Kräuter zugesetzt werden. Sie gelten als bekömmlich, da sie die Magen-, Gallen- und Lebertätigkeit anregen. Der Mindestalkoholgehalt beträgt 34 % Vol. liegt meistens aber darüber.

23. Was sind Kaffeeliköre?

Kaffeeliköre werden aus frisch geröstetem und anschließend gemahlenem Kaffee hergestellt, dessen Aromastoffe durch Perkolation, Extraktion oder Destillation herausgelöst werden.

Danach wird das Extrakt meist noch mit Vanille oder beispielsweise Zimt aromatisiert. Künstliche Aromatisierung ist – eigentlich – verboten. Die bekanntesten Kaffeelikörmarken sind Kahlua und Tia Maria.

by Wolfram
Gold

„Simply the best in Spirits“

Wolfram Ortner, der österreichische Ex-Schirennläufer, hat den renommierten „World-Spirits Award“ ins Leben gerufen und seit mittlerweile vielen Jahren erfolgreich umgesetzt.

„Simply the best in Spirits“ ist das Ziel dieser hochwertigen Prämierung und Ausstellung der besten Spirituosen. Die edelsten Destillate werden mit dem Titel „Spirit of the Year“ und die besten Destillerien mit der Auszeichnung „Distillery of the Year“ sowie der Klassifizierung „World-Class Distillery“ geadelt. „World Spirits“ versteht sich als Trendsetter und motiviert die Destillateure Topbrände in den verschiedensten Kategorien einzureichen.

Die internationale Verkostung des „World-Spirits Award“ findet bereits im Vorfeld durch eine intensiv geschulte Jury statt. Destillerien aus der ganzen Welt werden klassifiziert und ausgezeichnet. Die Liste der Aussteller liest sich mittlerweile wie ein „Who's who“ der internationalen Spirituosenszene.

Wolfram Ortner setzt auf einerseits auf eine kompetente Jury, auf eine exklusive Veranstaltung sowie vielschichtige Trends & Innovationen wie Kaffeedestillate, Zigarrendestillate, Parfum de Vie, Schokoladen mit Spirituosen, Spirituosengläser uvm.

Die besten Kaffee Destillate mit Geschmacksprofi, Preis und Bezugsadresse finden Sie unter www.world-spirits.com und www.coffee-scout.net

info@world-spirits.com
Tel.: ++43-4240-760
Fax: ++43-4240-760-50

Neun von zehn Leuten mögen Schokolade. Der Zehnte lügt.

John Tullius

1. Sind Kaffee und Schokolade wirklich perfekte Partner?

Ja, Kaffee und Schokolade sind ideale Partner. Und ihre Synergie ist überaus komplex.

Geruch und Geschmack spielen natürlich eine Rolle, aber es geht noch viel weiter. Nehmen Sie zum Beispiel ein gutes Essen. Danach fühlen wir uns oft ein wenig schwer. Doch wie schnell verfliegt diese Schwere wieder nach einer perfekten Tasse Espresso in Kombination mit einem Stück Schokolade? Wir fühlen uns wieder wacher, fit oder sogar ein wenig beschwingt. Das hat vor allem mit dem Zusammenspiel der Inhaltsstoffe von Kaffee und Schokolade zu tun. Die geröstete Kaffeebohne und die geröstete Kakaobohne vereinen viele gleiche Aromen. Diese entstehen beispielsweise durch den Anbau und somit durch die Aufnahme der Aromen im Boden, die Fermentation, die Trocknung und vor allem die Röstung der Bohnen. Daher können sich diese Aromen bei dem Genuss von Schokolade und Kaffee sogar ergänzen und gegenseitig verstärken.

2. Wirkung: Wie wirkt Schokolade eigentlich?

Grundsätzlich ist neben dem einzigartigen Geschmack die stimmungsaufhellende Wirkung von Schokolade zu nennen.

Schokolade besitzt einen Stoff, der in unserem Körper Glückshormone ausschüttet (beispielsweise Serotonine und Endorphine). Zucker ist dabei in erster Linie dafür verantwortlich, dass es uns nach dem Genuss der Schokolade deutlich besser geht. Daher können wir bei seelischer Schieflage wesentlich mehr süße Schokoladenprodukte essen, als bei ausgeglichener Gefühlslage. Neben einem geringen Anteil an Koffein beinhaltet Schokolade auch noch Flavanoide, eine Gruppe von wasserlöslichen Pflanzenfarbstoffen, die eine wichtige Rolle im Stoffwechsel vieler Pflanzen spielen und zu den Phenolsäuren, den Polyphenolen, gehören.

3. Oft hört man die Bezeichnung Flavonoide und Flavanole. Wo liegt der Unterschied?

Flavanole sind eine Untergruppe der Flavonoide.

Flavonoide befinden sich in vielen pflanzlichen Lebensmitteln, also in Obst und Gemüse, wie zum Beispiel in Zitronen oder Weintrauben. Manche Flavonoide sind gute Antioxidantien. Sie bekämpfen so genannte „Freie Radikale“ und verhindern somit die Entstehung von Krebszellen. Doch die gesundheitlichen Vorteile der Flavonoide werden durch Milch zunichte gemacht. Deshalb wirken sie z.B. bei Milchschokolade oder Schwarztee mit Milch nicht. Zahlreiche Studien bestätigen eine Korrelation zwischen der Zufuhr von Flavonoiden und der Risikoabnahme bei verschiedenen Krankheiten (z.B. Herzinfarkt, Schlaganfall, ...).

4. Durchschnittliche Zusammensetzung der Schokoladensorten (pro 100 g):

Weiße Schokolade (28 % Kakaogehalt):
- 46 g Zucker
- 28 g Kakaobutter
- 26 g Milchpulver

Milchschokolade (30 % Kakaogehalt):
- 48 g Zucker
- 18 g Kakaobutter
- 22 g Milchpulver
- 12 g Kakaopulver

Bitterschokolade (52 % Kakaogehalt):
- 48 g Zucker
- 35 g Kakaobutter
- 17 g Kakaopulver

5. Kann man Schokolade unbedenklich essen?

Wie bei allen Lebensmitteln ist eine einseitige oder maßlose Aufnahme bedenklich.

Beim „normalen" Verzehr von Schokolade ist zu erwähnen, dass die Kakaobutter erwiesenermaßen den Anteil an positivem Cholesterin (HDL – high denisty lipoproteins) beieinflusst, und den Anteil an schlechtem Cholesterin (LDL – low denisty lipoproteins) reduziert. Der Gesamtcholesterinspiegel wird bei regelmäßigem Verzehr sogar gesenkt. Auch nicht zu verachten ist, dass der Zucker- und Fettgehalt in der Schokolade ein riesiger Energiebringer ist. Da unser Körper Energie zum Bewegen und Arbeiten braucht, ist der maßvolle Genuss von Schokolade empfehlenswert.

6. Was sind die Inhaltsstoffe von Schokolade?

100 Gramm dunkle Schokolade (ca. 45 % Kakaogehalt) enthalten:

● Kohlenhydrate (Zucker)	54 g
● Lipide (Fette)	27 g
● Ballaststoffe	9 g
● Proteine (Eiweiß)	6 g
● Wasser	1 g

- Außerdem können Mineralstoffe in Ionenform (Kalium, Magnesium) und bis über 450 Aromastoffe in der Schokolade vorkommen (wobei aber letztendlich nur etwa 50 für den Geschmack ausschlaggebend sind).

7. Welche Kakaosorten gibt es?

1. Criollo (Aussprache: Criojo)
Die feinste und eleganteste Sorte, und gleichzeitig auch die älteste Varietät, anspruchsvoll, wird hauptsächlich für die Produktion von Grand Cru-Schokoladen gebraucht. Mengenanteil: 3–5 % des Welthandels, Herkunft u.a. Venezuela, Ecuador, Java und Bolivien.

2. Forastero
Robuste Pflanze, hohe Erträge – beides sind kommerzielle Gründe für eine rasche Verbreitung. Forastero-Kakao machen 70–80 % des Welthandels aus, daher weden sie auch als „Konsumschokolade" bezeichnet. Herkunftsländer: Elfenbeinküste, Ghana, Brasilien.

3. Trinitario
Ist in Trinidad als eine Kreuzung aus Criollo und Forastero entstanden. Lässt sich leichter kultivieren als der Criollo, liefert aber trotzdem einen exzellenten Kakaos. Mengenanteil: 10–5 % des Welthandels, Herkunft: u.a. Karibikländer, Java, Madagaskar.

Criollo ist relativ selten im Handel erhältlich und dementsprechend teuer. Schokoladenhersteller bedienen sich daher oft Mischungen der verschiedenen Gattungen. Wenn man z.B. viel Forastero mit etwas Criollo zusammenbringt, hat man bereits eine sehr gute geschmackliche Qualität. Das Gleiche funktioniert auch mit Trinitario und Criollo.

8. Schokoladensorten – kann man hier generell Unterschiede ablesen?

Natürlich, denn die Qualität der Schokolade wird auch durch die verwendete Kakaosorte beeinflusst.

Der größte Teil der im Handel angebotenen Schokolade besteht aus einem Mix verschiedener Kakaosorten. Der Sinn liegt darin, immer den gleichen Geschmack des Produktes für den Kunden zu erreichen. Während die Natur für Unterschiede im Klima und somit für geschmackliche Unterschiede in den einzelnen Kakaobohnen sorgt, mischt die Schokoladenindustrie verschiedene Qualitäten, um den Geschmack der Vorcharge zu erlangen. Immerhin möchte der Kunde den Geschmack der Schokolade so haben, wie er ihn vom letzten Verzehr in Erinnerung hat.

9. Was sind Plantagenschokoladen?

Sie werden oft auch als Lagen-, Single Variety- oder Grand Cru-Schokoladen bezeichnet und sind sortenreine Schokoladen aus einer Plantage.

Die Lagenschokolade unterscheidet sich von anderen vor allem dadurch, dass sie durch Wetter und Klima nicht jedes Jahr gleich schmeckt bzw. schmecken muss, was an und für sich ein natürlicher Vorteil, aber in der heutigen Zeit des uneingeschränkten Geschmackskonformismus nicht selbstverständlich ist.

10. Worin liegen die Hauptunterschiede zwischen industrieller und händischer Erzeugung?

Geschmacklich ergeben sich wahrscheinlich bei gleichen Zutaten auf den ersten Blick keine Unterschiede.

Die Industrie hat natürlich den Vorteil, in wesentlich größeren Mengen produzieren zu können, als der Handwerker. Daher schauen industriell produzierte Waren immer gleichmäßiger aus als Produkte eines Handwerkers. Die Industrie hat außerdem die Möglichkeit, Pralinenfüllungen durch pH-Wert Einstellungen haltbarer zu machen. Dafür punktet der Handwerker mit schnelleren Reaktionszeiten auf Kundenanfragen und das Marktgeschehen, sowie mit einer unschlagbaren Frische seiner Produkte.

11. Gibt es die Harmonie von Schokolade und Kaffee?

Ja, und das Zusammenspiel der Geschmackserlebnisse von Kaffee und Schokolade hat lange Tradition.

Doch nicht jede Schokolade passt zu jedem Kaffee. Und wie im richtigen Leben gibt es Ehen, lang andauernde Ehen, und auch harmonische Ehen. Ähnlich verhält es sich bei Schokolade und Kaffee, die Unterschiede und die Feinabstimmung kann man lernen. Das Zusammenspiel von Kaffee und Schokolade muss vorab als angenehm empfunden werden. Bei einer Verkostung sollten die beiden Produkte möglichst lange parallel im Mund degustiert werden.

Bei der Geschmacksharmonie unterscheidet man zwischen zwei Varianten:

- Zum einen kann sie bei übereinstimmenden Aromen entstehen.
- Zum anderen kann sie durch eine Schaffung von Gegensätzen entstehen: Dabei sollen sich ergänzende oder gegensätzliche Aromen zu effektvollen Kombinationen gestalten. Beispiel: Ein Robusta aus Java mit einer Java-Couverture. Der Robusta-Kaffee mit seinem würzigen Geschmack vermischt sich mit den fruchtig-feinen Aromen des Edelkakaos zu einem harmonischen Ganzen.

12. Sensorische Grundregeln:
Gibt es Regeln für die Verkostung von Schokolade?

Ja, die wichtigsten finden Sie hier nachfolgend.

Optik – Wie sieht sie aus?

- Schokolade sollte eine einheitliche Farberscheinung haben.

- Ist sie gleichmäßig im Glanz, hat sie eine schöne Farbe? Die Farbe sollte bei einer Bitterschokolade nicht zu dunkel sein, ansonsten wird sie wahrscheinlich eher bitter sein, da die Bohnen überröstet sein können. Ab etwa 80 % Kakaoanteil sind die Schokoladen generell sehr dunkel. Ist die Bitterschokolade eher hell, kann dies ein Zeichen für einen niedrigen Kakaogehalt sein, das heißt es ist mehr Zucker in der Schokolade enthalten.

Temperatur:

- Die Schokolade sollte nicht zu kalt und nicht zu warm sein! Optimal ist eine Temperatur zwischen 18 und 22 °C.

- Auch der Mundraum sollte Körpertemperatur haben. Es sollte kein unmittelbarer Genuss von Speiseeis oder einem kalten Getränk vorausgegangen sein.

Akustik:

- Jetzt können Sie ein Stück der Schokolade abbrechen. Am „Knack" können Sie den Anteil an wertvoller Kakaobutter erkennen. Ist der „Knack" eher dumpf, wird weniger Kakaobutter enthalten sein. Bei Vollmilch- und weißen Schokoladen ist der Kakaobuttergehalt generell niedriger als bei Bitterschokoladen.

- Der „Knack" tritt natürlich auch beim Beißen auf.

Riechen:

- Riechen Sie an der gerade geöffnete Verpackung. Riecht die Schokolade gut?

- Durch Reiben zwischen den Fingern kann der spezifische Geruch der jeweiligen Kakaosorte zusätzlich verstärkt werden.

Schmecken (Mouthfeeling):

- Im Mund trägt die Körperwärme zur Entfaltung der Aromen bei. Lassen Sie dazu ein kleines Stück Schokolade ca. 20 Sekunden lang auf der Zunge zergehen.

● Die Schokolade darf kein körniges oder sandiges Gefühl im Mund hinterlassen, sondern sollte einen schönen Schmelz haben. Körnig bedeutet eine fehlerhafte Schokoladenqualität bzw. dass sie schlecht conchiert wurde (siehe Frage 20 „Conche").

● Ein Qualitätszeichen für Schokolade ist auch der Grad der Süße: Zucker ist weit billiger als Kakao. Industrielle Supermarktschokolade ist daher oftmals sehr süß.

● Während die Schokolade auf der Zunge zergeht, vereinen sich die bitteren, leicht säuerlichen Komponenten des Kakaos mit der Süße des Zuckers und ergeben so den einzigartigen Schokoladen-Genuss.

● Genießen Sie jetzt den Geschmack. Unter den ca. 50 ausschlaggebenden Aromen finden sich oft Zitrusfrüchte, Beeren, Tabak, Erde, Karamell, Kaffee etc.

Abgang:

● Es ist wichtig, dass eine feste Schokolade lang nachschmeckt, vergleichbar mit einem guten Wein. Topschokoladen haben also einen langen „Abgang" (eine lange Wahrnehmung des Kakaogeschmacks). Ist das Schokoladenaroma schnell verschwunden, wurden wahrscheinlich minderwertige Bohnen verarbeitet.

Reihenfolge:

● Bei der Verkostung mehrerer Schokoladen sollte man sich in dem Kakaogehalt steigern, das heißt mit der Sorte mit dem niedrigsten Kakaogehalt anfangen. Zwischendurch kann der Gaumen mit Mineralwasser neutralisiert werden. Umstritten ist die Verwendung von Weißbrot als „Neutralisator".

13. Wie lagert man Schokolade richtig?

Generell ist Schokolade kein Produkt, das zur Lagerung bestimmt ist. Schokolade sollte frisch gegessen werden, nur so schmeckt sie einwandfrei.

- Die beste Lagertemperatur für Schokoladenprodukte beträgt zwischen 14 und 18 °C. Wichtig ist eine trockene, dunkle und kühle Lagerung, dann besteht auch eine Haltbarkeit bis zu 15 Monaten (bei dunkler Schokolade). Achten Sie schon beim Kauf auf ein Haltbarkeitsdatum, das noch einige Monate aufweist.
- Vollmilchschokolade hält weniger lange, da das Milchfett oxydiert, Maximum ca. 8 – 9 Monate. Generell sollte Vollmilchschokolade immer frisch sein!
- Dunkle Schokolade baut durch die vorhandenen Flavanoide einen Eigenschutz auf.
- Achtung auch vor Fremdgerüchen im Kühlschrank. Eventuell einen verschlossenen Gefrierbeutel verwenden.

14. Warum wird Schokolade grau, obwohl ich sie im Kühlschrank aufbewahre?

Dabei handelt es sich um den so genannten „Zuckerreif".

Das passiert, wenn Schokoladenprodukte Kühlschranktemperatur annehmen, normalerweise um die 6–8 °C. Bei der Entnahme aus dem Kühlschrank beschlagen die Schokoladenprodukte durch den Temperaturunterschied zur Zimmertemperatur bzw. wegen der Luftfeuchtigkeit. Diese Luftfeuchtigkeit zieht nun den Zucker aus der Schokolade. Nach kurzer Zeit verdunstet die Feuchtigkeit und auf der Schokoladenoberfläche bleibt der weiße oder gräuliche Zuckerbeschlag.

15. Warum wird Schokolade grau, wenn sie in der Sonne war oder zu warm wurde?

Hier spricht man vom so genannten „Fettreif".

Kakaobutter ist in der Schokolade in einer homogenen Masse fein verteilt. Sobald Sonne oder zu hohe Temperatur die Schokolade zum Schmelzen bringen, „entmischt" sich so die Kakaobutter vom Rest, also von Kakaopulver, Zucker und eventuell Milchpulver. Da die Kakaobutter vom Gewicht her leichter ist als die anderen Zutaten, schwimmt sie quasi obenauf. Beim Trocknen und Festwerden der Schokolade nimmt die Kakaobutter ihre gräulich-weiße Farbe an.

16. Was sind Kaffeeschokoladen? Und wie unterscheiden sie sich von Schokoladen mit Kaffee oder Kaffeegeschmack?

In einer richtigen Kaffeeschokolade ist das Produkt Kaffee als Mahlgut verarbeitet. Beide Produkte sind sensorisch optimal aufeinander abgestimmt.

Alternativ werden natürliche Aromen verwendet, auf keinen Fall sollten jedoch künstliche Aromen beigesetzt werden.

17. Welche Trends lassen sich bei Schokolade ablesen?

Der Trend geht zu:

- dunklen Schokoladen
- sortenreinen Lagen- oder Plantagenschokoladen
- Schokoladen mit Zusatznutzen (z.B. durch die Beigabe von Antioxidantien)
- Trinkschokoladen (Weiße Trinkschokoladen, Milchtrinkschokolade, Dunkle Trinkschokoladen, 100 % Kakao Trinkschokoladen, Trinkralinés, Drops oder Flocken etc.)
- dickflüssige Trinkschokoladen

18. Was bedeuten diese Trends?

Durch die Nachfrage nach dunkleren Sorten mit immer mehr Kakaogehalt wird natürlich der Gesamtmarkt auf weniger Produkte verteilt.

Dadurch steigen zum einen die Preise für Kakao, und ferner entdecken auch Länder wie China und Indien immer mehr ihre Liebe zu Schokoladenprodukten. Da auch die Ernten in den afrikanischen Ländern unter Dürren und Schädlingen leiden, und Kakaoplantagen den Biosprit-Pflanzungen weichen müssen, wird sich zukünftig der Preis für Kakao und somit auch für Schokolade deutlich (weiter) erhöhen. Zusätzlich treten aufgrund dieser Situation auch die Spekulanten quasi als Mitspieler in das Marktsystem ein.

19. Was ist eine Conche?

Die Conche ist dafür verantwortlich, dass wir einen so genannten Schmelz im Mund fühlen.

Die Conche wurde von dem Schweizer Chocolatier Rudolf Lindt erfunden. Das Prinzip beruht auf der bis zu 72 Stunden andauernden Bewegung der Schokolade. Dabei greifen Arme oder Rollen in die Schokolade und vermischen sie mit Sauerstoff. Der Vorteil ist, dass bei diesem Vorgang Bitterstoffe abgebaut werden und Geschmacksstoffe entstehen. Noch viel wichtiger ist allerdings, dass durch die Bewegung Zucker-, Milchpulver- und Kakaokristalle miteinander so klein verrieben werden, dass sie kleiner als 1/1000stel Millimeter sind. Ab dieser Größe fühlt unsere Zunge einen „Schmelz". Das ist auch der Grund, warum manche Schokoladen einen sandigen Eindruck hinterlassen. Sollte dieser nicht ausdrücklich gewünscht sein, ist die Schokolade nicht oder zu kurz conchiert.

20. Lässt sich die Schokoladenproduktion in wenigen Sätzen erklären?

Ja, hier ist eine Kurzzusammenfassung.

Nach der Ernte der Kakaobohnen werden diese zuerst für wenige Tage einer Fermentation ausgesetzt. Dabei bauen Enzyme Bitterstoffe ab und Aromen verstärken sich. Dann folgt eine Trocknung in der Sonne, damit die Bohnen Wasser verlieren und nicht schimmeln. Nach der Abfüllung in Jutesäcke und den Verladung in LKWs und Container werden die Kakaobohnen nun zu den Schokoladenindustrien verschifft. Dort werden die Bohnen geröstet (wie beim Kaffee). Dadurch verliert die Bohne nochmals Wasser und die Schale kann leicht entfernt werden. Ferner entstehen Röstaromen, die der Schokolade u.a. Geschmack verleihen. Anschließend werden die Bohnen gebrochen und vermahlen. Durch den bis zu 54%igen Anteil an Kakaobutter schmilzt die Bohne jetzt durch die Reibungswärme zu der so genannten Kakaomasse. Durch Zugabe von Kakaobutter (um den Schmelz zu erhöhen) und Zucker entsteht jetzt Bitterschokolade, durch die weitere Zugabe von Milchpulver entsteht Vollmilchschokolade. Letztendlich wird die Schokoladenmasse conchiert und anschließend in Formen gegossen.

21. Warum ist Lezithin in der Schokolade?

Lezithin macht die Schokolade fließfähig und somit gut gießbar für Industrie und Handwerk.

22. Warum ist weiße Schokolade weiß?

Weiße Schokolade enthält kein Kakaopulver, der Kakaogehalt besteht somit nur aus Kakaobutter.

23. Mocc(h)a oder Mokka? Was hat es mit den verschiedenen, oft verwirrenden Bedeutungen auf sich?

Mocca Kaffee wurde immer schon mit einem schokoladigen Geschmack in Verbindung gebracht. Diese Geschmacksverbindung geht auf eine jahrhundertealte Geschichte zurück.

Der Hafen von Moccha in Jemen war früher der bedeutendste Kaffeehafen der Welt. Von dort aus wurde der Kaffee – quasi als Monopol – in die ganze Welt verschifft. In Jemen wird bis heute noch Kaffee angebaut, wenn auch heute nur mehr in sehr geringem Ausmaß. Es war eine Varietät, die aus Äthiopien kam, ein wilder Kaffee der dort wächst bzw. angebaut wurde. Der Geschmack dieser Bohne in gerösteter Form war sehr fruchtig, mit eindeutigen Kakao- und Schokoladenoten. Der Schokoladegeschmack war auf jeden Fall unverkennbar und wurde seit jeher mit Moccha verbunden. Von Jemen aus gelangte der Moccha Kaffee in die ganze Welt, nach Ägypten (Ägyptischer Mokka), nach Brasilien, und in die heutige Türkei. Von da aus trat der Türkische Kaffee als Mokka mit den Eroberungsströmen der Türken wiederum seinen Siegeszug an, und kam unter anderem auch bis nach Wien. Noch heute wird der kurze, starke Kaffee quasi als Synonym als „Mokka" oder „kleiner Mokka" bezeichnet. Auch findet man den Namen Mokka noch heute in der modernen Coffeeshopwelt, als „Mocaccino", der mit der Geschmacksverbindung von Kaffee und Schokolade immer noch den gleichen Ursprung hat.

20 ml

„Wien ist eine Stadt,
die um Kaffeehäuser herum
gebaut ist."

Bertolt Brecht

1. Macht Kaffee nüchtern?

Nein, es handelt sich hier eindeutig um eine „falsche Volksweisheit".

Möglicherweise fühlt man sich dank der aufputschenden Wirkung des Koffeins nach einer Tasse Kaffee subjektiv frischer, oder spürt kurzzeitig die Wirkung des Alkohols nicht, am langsamen Alkoholabbau in der Leber und an der eingeschränkten Reaktionsfähigkeit ändert das aber nichts. Steigt man also ins Auto und kommt in eine Alkoholkontrolle, ist der Alkoholgehalt im Blut genauso hoch, als hätte man keinen Kaffee getrunken.

2. Stimmt es, dass Kaffee so kurz wie möglich mit Wasser in Kontakt kommen soll?

Stimmt!

Sämtliche Aromastoffe lösen sich in heißem Wasser generell schnell aus dem gemahlenen Kaffee. Nur Bitterstoffe und nicht gewünschte Säuren kann man mit dieser Methode „aktivieren", gleichgültig mit welcher Brühmethode.

3. Soll Kaffee im Kühlschrank gelagert werden?

Nein, im Kühlschrank ist es zu feucht für Kaffee.

Das Aroma von Kaffee ist zwar von Kälte völlig unbeeinflussbar, aber das Kondenswasser liefert zu viel Feuchtigkeit. Ist der Kaffee einmal offen, ist eine Lagerung im Kühlschrank auf keinen Fall ratsam, denn hier kommt neben der Feuchtigkeit auch der Fremdgeruch hinzu. Aber auch bei geschlossenen Packungen gibt es ein Ventil, das – allerdings in geringerem Maße – für die Aufnahme von Feuchtigkeit sorgt. Gegen eine Lagerung in der Tiefkühltruhe gibt es grundsätzlich nichts einzuwenden.

4. Espresso ist stärker und enthält mehr Koffein als Filterkaffee.

Falsch, Koffein ist wasserlöslich, je kürzer der Kontakt des Kaffeepulvers mit Wasser ist, desto besser. Darüber hinaus hängt der Koffeingehalt auch von der Bohne und der Röstung ab.

Aufgrund der Tatsache, dass bei der Espressozubereitung das Wasser nur ca. 25 Sekunden durch das Kaffeemehl rinnt, und somit weniger Zeit hat, das Koffein zu lösen, liegt es in der Natur der Sache, dass der Espresso weniger Koffein (50–60 mg) als z.B. eine Tasse Filterkaffee (ca. 100 mg) enthält. Das subjektive Empfinden „stark" und „stärker" hängt von der Kaffeesorte (z.B. Robusta Kaffee mit kräftigem Körper) ab oder auch von einer falschen Zubereitung (zu lange durch den Siebträger „gepresst" (= bitter). Auch die Röstung ist mitentscheidend, die schonende Langzeitröstung kann den Koffeingehalt reduzieren.

5. Ich vertrage Kaffee, aber wegen der Säure keine Espressi!

Falsch, generell werden aus dem Espresso zuerst die Öle und Aromastoffe gelöst, erst zuletzt die Bitterstoffe und unerwünschte Säuren.

Ein kurzer Espresso im italienischen Stil ist – entgegen der gängigen Meinung – eigentlich der bekömmlichste! Fehler passieren meist bei der Zubereitung des Espressokaffees, nämlich, dass dieser zu lange ausgelaugt wird. Vorsicht ist allerdings bei Personen mit Gallensteinen geboten!

6. Filterkaffee ist gesünder als Espresso.

Schlichtweg falsch – im richtig zubereiteten Espresso sind weniger Bitterstoffe und Säuren als im Filterkaffee enthalten.

Zusätzlich entwickelt der Filterkaffee auf der Wärmeplatte mit der Zeit weitere – ungesunde und schädliche – Säuren. Nicht zu verwechseln sind allerdings Bitterstoffe und Säuren mit der Aromafülle eines Kaffees: ein Filterkaffee, frisch gemahlen und sofort getrunken, entwickelt ebenfalls eine sehr große Aromavielfalt.

7. Nur Kaffee enthält Koffein.

Falsch, Tee enthält ebenfalls ca. 40–50 mg Koffein pro Tasse, eine Tafel Schokolade ca. 80–100 mg und eine Cola ca. 65 mg pro Liter.

8. Robusta ist die schlechtere Bohne.

Nein, das stimmt nicht.

Es gibt zwei bedeutende Kaffeesorten für den Weltmarkt: Robusta und Arabica. Letztere sind die langsamer wachsenden, generell höherwertigen Bohnen. Trotzdem gibt es schlechte Arabicas genauso wie es hochwertige, sogar exzellente Robusta Bohnen gibt, z.B. aus Indonesien (Java), Indien, Ost-Timor, Brasilien (Conillon), Uganda, Tansania oder von der Elfenbeinküste. In den letzten Jahren haben die nahezu untrinkbaren Robusta Bohnen aus dem „Retortenkaffeeland Vietnam" viel zum schlechten Ruf der Sorte beigetragen.

9. Ein guter Espresso besteht nur aus Arabica Bohnen.

Falsch, der Espresso wurde in Italien erfunden und ist zumeist eine Blend (Mischung), in der auch Robusta Bohnen enthalten sind.

Die Robusta Bohnen sind in der Espressomischung meist für den „Körper" zuständig. Der Robusta Anteil bei guten Espressi beträgt zwischen 10 % und 50 %. Zum Vergleich: auch ein guter Bordeaux-Wein besteht aus mehreren Trauben. Es wäre unsinnig und kontraproduktiv für die Qualität einer Cuvée (Mischung/Blend), gewisse Sortenanteile wegzulassen.

10. Guter Espresso kommt aus Italien.

Diese Regel gilt inzwischen nicht mehr!

Zwar wurde der Espresso in Italien kreiert, trotzdem wurde dieser Umstand durch viele gute Röster in unseren Breitengraden schon längst außer Kraft gesetzt. Auch die Italiener kaufen die Kaffeebohnen „nur" am Weltmarkt ein, und die Geheimnisse des Espressoröstens haben sich längst weltweit herumgesprochen. Schon lange gibt es Top-Espressi auch aus „Nicht-Italien", besonders von den vielen neuen, kleinen und feinen regionalen Röstern. Übrigens, auch der Weltmeister im Pizzazubereiten ist Japaner!

11. Je mehr Druck, desto besser der Espresso.

Stimmt nicht! Ist der Druck zu hoch (über 10–11 bar), dann schießt das Wasser zu schnell durch das Kaffeepulver und der Kaffee verliert an Aroma. Der ideale Druck beträgt 9 bar.

12. Abendlicher Espressogenuss hält automatisch wach.

Falsch. Sind Sie einmal müde, dann hilft auch die Aufnahme von Kaffee – wieviel auch immer – rein gar nichts.

Denn wenn man müde ist verhindert das Gehirn durch ein Molekül die Aufnahme von belebenden Botenstoffen. Sind sie jedoch noch nicht müde, dann bleiben sie durch Kaffee länger wach, da Kaffee ein Stimmungsverstärker ist.

13. Je mehr Crema, desto besser die Bohne.

Falsch. Viel Crema kann mehrere Ursachen haben.

Robusta (auch die minderwertigste Qualität) erzeugt mehr Crema als Arabica. Diese Crema ist dunkler als die der Arabica Bohnen, oftmals mit gräulichen Reflexen. Je frischer der Kaffee, desto dicker der Cremaschaum (allerdings erst nach dem Abgasen und Reifen des Kaffees). Kolbenkaffee schäumt nahezu immer stark auf.

14. Die Kaffeequalität ist – alleine – ausschlaggebend für die Qualität in der Tasse.

Stimmt teilweise. Eine schlechte Kaffeebohne bleibt eine schlechte Kaffeebohne.

Kaffee besteht zu ca. 99 % aus Wasser. So ist es nur naheliegend, dass auch das Wasser ein entscheidender Geschmacksbestimmer ist. Weiches Wasser verstärkt beispielsweise die Fruchtsäuren im Kaffee. So können z.B. Arabicas mit einem feinen Säureanteil plötzlich extrem sauer schmecken. Hartes Wasser wiederum neutralisiert die Säuren, so wird der Kaffee flach und schal. Das perfekte Wasser für die Kaffeezubereitung hat einen Wert von 5-8 Grad dH und einen pH-Wert von 7. Außerdem kann man mit der falschen oder nicht professionellen Zubereitung von Kaffee die beste Bohne geschmacklich ruinieren.

15. Soll man Mineralwasser zum Kaffeekochen verwenden?

Nein. Ist der Mineraliengehalt im Wasser zu hoch, dann werden die Fruchtsäuren neutralisiert und der Kaffee schmeckt fad.

16. Von Kaffee kann man nicht schlafen – ich trinke eine Tasse Kaffee am Nachmittag und kann am Abend nicht schlafen!

Das ist subjektiv möglich!

Und hat mit dem Koffeinabbau zu tun. Ähnlich wie bei Alkohol hängt auch hier vieles von Tagesverfassung, Gemütszustand, Körpergewicht ab. Tatsache ist, dass die Abbauzeit von Koffein von 45 Minuten bei Rauchern (kürzeste bekannte Abbauzeit) bis normalerweise 6–7 Stunden und mehr reicht.

17. Salz auf dem Kaffeemehl ist gut für den Geschmack des Kaffees.

Nein, absolut falsch.

18. 100 % Arabica ist der beste Kaffee.

Nein, denn in dieser Aussage gibt es zu viele Unbekannte.

Leider reichen unsere EU- und Landesgesetze nicht aus, um uns vor falschen Angaben auf Verpackungen zu schützen: „100 % Hochlandbohnen" oder „100 % Arabica", „Arabica Kaffee" oder „Kaffee aus Arabica Anbau" heißt noch lange nicht, dass das in der Verpackung drinnen ist, was drauf steht. Ähnlich wie beim Wein, bei dem „Barrique Ausbau" heute nicht mehr und nicht weniger heißt, als das – vorwiegend bei Designerweinen aus den USA – der Wein einmal in Holzchips gebadet hat. Nicht zu vergessen ist, dass Arabica Kaffee fast 70 % des Weltmarktes ausmacht. Es ist einfach nicht nachvollziehbar, dass alle Bohnen-Qualitäten von Millionen von Bauern jedes Jahr ernannt gleich gut und generell „Premium Qualität" sein sollen.

19. Zitrone ist gut für das Entkalken.

Eine klassische Halbwahrheit, da das Entkalken gut funktioniert, aber auch alle Dichtungen nachhaltig angegriffen werden.

20. Espresso hat mit schnell zu tun.
Stimmt, aber nur teilweise.

Espresso heißt im italienischen Ursprung „schnell und unter Druck setzen", jedoch gibt es auch die französische Wortherkunft mit „expresso", was wiederum „faire quelque chose exprès pour quelqu'un", also etwas „individuell für jemanden zubereiten" bedeutet. Bei dieser Wortherkunft steht also die „frische Zubereitung" im Vordergrund.

21. Raucher trinken mehr Kaffee als Nichtraucher.
Das kann stimmen.

Hierfür gibt es einen physiologischen Grund: Nikotin beschleunigt den Abbau von Koffein um mehr als das Doppelte!

22. Kinder vertragen Koffein schlechter als Erwachsene.
Falsch. In Versuchen wurde eindeutig festgestellt, dass Kinder (Achtung: nicht Säuglinge!) Koffein genauso gut abbauen können wie Erwachsene, bzw. auch keine andere oder stärkere Wirkung zu befürchten haben.

„Wenn ich nicht zu Hause bin, bin ich im Hawelka. Wenn ich nicht im Hawelka bin, dann bin ich auf dem Weg ins Hawelka."

Alfred Schmeller

1.) Wiener Schule:

Begriffserklärung: Obers = Sahne, Staubzucker = Puderzucker

- **Kleiner Schwarzer:** einfacher Espresso.

- **Grosser Schwarzer:** doppelter Espresso.

- **Mokka (Mocca):** ursprünglich ein stark aufgekochter Kaffee aus der schmalen Mokkatasse getrunken. Heute vielfach als Synonym für starken Kaffee oder fälschlicherweise für Espresso verwendet. Klein oder groß.

- **Kleiner Brauner:** Espresso mit Milch oder Sahne.

- **Großer Brauner:** doppelter Espresso mit Milch (oder Sahne). Getrennt serviert (in Frankreich: „Separée" oder „Demi Creme").

- **Melange oder Wiener Melange:** Espresso mit Milch und Milchschaumhaube.

- **Franziskaner:** Melange mit Sahnehaube statt Milchschaumhaube.

- **Kleine Schale Gold:** Espresso mit heißer Milch und Milchschaumhaube, in der kleinen Tasse serviert (= kleine Melange).

- **Schale Nuss:** Ristretto mit etwas Sahne.

- **Kaffee Verkehrt:** Mokka (Espresso) mit sehr viel Milch; ein heller Milchkaffee.

- **Verlängerter:** gleiche Kaffeemenge wie Espresso, aber mehr Wasser (doppelte Menge). (Schweiz: Café Crème, Italien: Caffè Lungo, Portugal: Carioca, USA, Americano, Frankreich: Café Nature, ...).

- **Konsul:** mit kaltem Wasser gestreckter Espresso.

- **Obermayer:** doppelter Mokka, in den über einen verkehrten Kaffeelöffel flüssiges, kaltes Obers geträufelt wird.

- **Einspänner:** Espresso, Schlagobers, Staubzucker extra serviert – im Henkelglas (Einspännerglas) serviert.

- **Kapuziner:** doppelter Mokka mit Schlagobers.

- **Wiener Eiskaffee:** Vanilleeis mit kaltem Mokka (Espresso) und Schlagobers.

- **Gerührter Eiskaffee:** Vanilleeis mit kaltem Mokka (Espresso) und Schlagobers, glatt gerührt.

2.) Italienische Schule:

- **Ristretto:** der kleinste in der Espressofamilie; gleiche Menge Kaffee wieder beim Espresso, aber halbe Wassermenge – 15 ml (auch Caffè Ristretto, Caffè Corto, Kleiner Mokka, Espresso kurz, Piccolo).

- **Espresso:** 6–8 g Kaffee, fein gemahlen, unter Druck gesetzt, ca. 25 Sekunden Laufzeit. Das Original (auch als Caffè, Solo, Kleiner Schwarzer, Café noir (fra.) oder Cafèzinho (bras.) bezeichnet). 25–30 ml (Tasse ca. 60–80 ml).

- **Espresso Doppio:** auch doppelter Espresso, Doppio, Großer Schwarzer genannt. 12–14 g Kaffee, 50–60 ml Wasser, große Tasse (140–160 ml).

- **Macchiato:** (Gefleckter) Espresso mit (kleiner) Milchschaumhaube. In kleiner Tasse oder Glas serviert.

- **Cortado:** Espresso mit etwas mehr Milchschaum als beim Macchiato.

- **Marocchino:** Macchiato mit Schokoflocken oder Kakaopulver.

- **Espresso con panna (Caffè con panna, Espresso tazza d'oro):** Espresso mit Sahnehaube. Italienische Bezeichnung des Kapuziners.

- **Caffè Lungo:** ein Espresso, der mit Wasser verlängert ist. Im Gegensatz zum Caffè Americano, der nachträglich mit – noch mehr – Wasser aufgeschüttet wird, lässt man beim Lungo einfach mehr Wasser durch den Siebträger laufen.

- **Cappuccino:** besteht aus einem kräftigen Espresso und cremig geschäumten Milchschaum. Mit mehr Milch heißt er in Italien „Cappuccino Chiaro", mit mehr Kaffee „Cappuccino Scuro".

- **Triester Cappuccino:** Espresso mit Milch und Sahne. Auch im Glas serviert.

- **Baci:** ein Glas wird zu 2/3 mit Espresso, zu 1/3 mit flüssiger Sahne gefüllt.

- **Bicerin:** 1/3 Espresso, 1/3 Schokolade, 1/3 flüssige Sahne (manchmal Zucker, selten Zimt).

- **Shakerato:** doppelter Espresso, Zuckersirup, Eiswürfel.

- **Affogato:** 1 Kugel Vanilleeis, ein frisch zubereiteter heißer Espresso.

- **Caffè freddo:** Espresso, Zucker, eventuell Vanillelikör, Eiswürfel. Im Shaker zubereitet. In hohen Gläsern serviert.

- **Granita di caffè:** Espresso auf Crushed Ice mit Sahnehaube.

- **Caffè Nero:** schwarzer Kaffee.

- **Caffè Latte:** italienischer Milchkaffee. Je zur Hälfte Kaffee und heiße Milch, eventuell ein wenig Milchschaum als Krone. Größere Menge als bei Latte Macchiato: ca. 250–300 ml. Serviert in Tasse oder Glas („Caffè in Vaso").

3.) Begriffe aus anderen Ländern:

Schweiz:

- **Schümli Kaffee oder Café Crème:** speziell gerösteter Kaffee nach Espressomethode, mit mehr Wasser aufgebrüht. Mit Crema-Schaumhäubchen, dem „Schümli".

Portugal:

- **Bica:** doppelter Espresso in Lissabon.

- **Carioca:** verlängerter Espresso, separat mit Wasser gestreckt.

Deutschland:

- **Tasse Kaffee:** Filterkaffee ca. 140–160 ml.

- **Geeister Kaffee:** eine Tasse starker Kaffee mit Zucker und etwas Zimt gewürzt, auf Eiswürfeln serviert.

USA:

- **Americano:** „verlängerter" Espresso in der Cappuccino-Tasse, mit heißem Wasser separat aufgebrüht.

- **Caffè Moccha:** Cappuccino mit Schokoladenanteil. 1/3 Espresso, 1/3 Milch, 1/3 Milchschaum, Schokoladensirup.

Frankreich:

- **Café Liegois:** Eiskaffee mit Vanilleeis und Schlagsahne.

- **Café Serré:** französischer Espresso, der mit sehr wenig Wasser zubereitet wird.

- **Café Viennois:** Französische Bezeichnung für den österreichischen Einspänner.

Türkei:

- **Türkischer Mokka:** mehlfein gemahlener Mokka mit Zucker, dreimal im Cezve (Ibrik) aufgekocht.

4.) Begriffe aus der Coffeeshopszene:

- **Latte Macchiato:** hohe Gläser mit je 1/3 heißer Milch, Espresso und aufgeschäumter Milch gefüllt (ca. 220–250 ml). Die Schichten sollen getrennt bleiben.

- **Milchkaffee, Café au lait oder Häferlkaffee:** verlängerter Kaffee mit Milch 50:50 „in der Badewanne" (0,40 l) serviert. Ohne Milchschaum.

- **Moccacino / dark oder white:** Trinkschokolade (helle oder dunkle Schokolade, ca. 1/3), Espresso und Milchschaum. Im Glas, 220–250 ml.

- **Chocolate Coffee:** verlängerter Kaffee und Trinkschokolade, 50:50, mit Milchschaum. „In der Badewanne" serviert.

- **Frozen Coffees:** meist im Blender mit Eiswürfel, Milch, Frappépulver und/oder Trinkschokolade zubereitet.

- **Iced Coffee Drinks:** diverse Kaffeegetränke, meist über Eiswürfel oder Crushed Ice zubereitet.

- **Chai Latte:** würziger Chai (indische Gewürzteemischung) mit heißer Milch und Milchschaum, Zucker.

- **Geeister Espresso:** Eiswürfel, doppelter Espresso, Milchschaumhaube, mit braunem Zucker bestreut.

5. Kaffeerezepte mit Alkohol – „Coffee in Good Spirit“:

Die bekanntesten Kaffeegetränke „mit Charakter" aus aller Welt:

Österreich:

- **Fiaker:** Schwarzer Kaffee mit Rum, heiß serviert.
- **Mozart Kaffee:** Espresso, Mozart Likör, Zucker, Schlagsahne, Mandelsplitter (im Glas).
- **Mokka gespritzt:** Mokka (starker Kaffee) mit etwas Weinbrand (oder Cognac).
- **Biedermeier:** großer Mokka mit Marillenlikör und Schlagobers.
- **Mazagran:** starker kalter Kaffee (doppelter Mokka), Maraschino, Gewürze, flüssiger Zucker, Eiswürfel (im Spezialglas kalt serviert).
- **Kaffee Maria Theresia:** ein doppelter Mokka mit einem Schuss Orangenlikör und Schlagobers im Glas serviert.

Deutschland:

- **Rüdesheimer Kaffee:** (Asbach) Weinbrand, Zucker, Kaffee, Sahne (im Rüdesheimer Becher).

- **Pharisäer:** Kaffee (Filter, Espresso, Mokka), Rum, Zucker, Schlagsahne (Pharisäertassen; man trinkt den Pharisäer durch die Sahne und rührt ihn nicht um. Grund dafür ist, dass der Alkohol nicht verdunsten und somit gänzlich mitgetrunken werden kann).

- **Schwarzwald oder Schwarzwälder Kaffee:** Kaffee, Kirschwasser, (brauner) Zucker, Sahne.

Schweiz:

- **Kaffee, Kaffe oder Kafi Luz:** Luzerner Kaffee mit Träsch (Birnen- oder Apfelschnaps); auch „Cheli" oder „Kafi Träsch" genannt.

- **Kafi Fertig:** dünner Kaffee im Glas mit Zucker und Träsch oder Bäzi (Bäzi oder Bätzi ist die bernische Version von Träsch. Er wird aus Äpfeln gewonnen, eventuell auch mit einem geringen Birnenanteil von maximal 10 %).

- **Kaffee Pflümli:** Espresso mit Pflaumenschnaps.

- **Kafi Kirsch:** Café Crème mit Kirschwasser

Irland:

- **Irish coffee:** Espresso, Zucker, (Irish) Whiskey, angeschlagene Sahne (im Irish Coffee Glas; Whiskey und Zucker „aufwärmen", Espresso dazu, halbsteife Sahne über den Löffelrücken in das Glas rinnenlassen; wird immer ohne Strohhalm durch die – kühle – Sahne getrunken).

Italien:

- **Caffè Corretto:** Espresso mit einem guten Schuss Grappa (heute oft auch schon mit anderen alkoholischen Getränken wie Cognac, Likör, Anis, Sambuca etc.).

- **Italian Hot Coffee:** doppelter Espresso mit Amaretto und Brandy, etwas Sahne, Zucker.

- **Cafeé Pucci:** wie Italian Hot nur mir Rum statt mit Weinbrand.

Schweden:

- **Kaffeekask:** ein in Schweden beliebter Kaffee, der mit Aquavit verfeinert wird.

Russland:

- **Russischer Kaffee oder Kosakenkaffee:** kleiner starker Kaffee im Glas „verlängert" mit Rotwein; Wodka; flüssiger Zucker.

Holland:

- **Verpoortocino oder auch Fliegender Holländer, Flying Dutchmen oder Advocaat Kaffee genannt:** Espresso, Eierlikör, Milchschaum, Schokoflocken (im Glas).

Frankreich:

- **French Hot Coffee:** Heißer Kaffee, Calvados, Grand Manier, brauner Zucker, etwas Sahne.

- **Café Brùlot:** Kaffee, Cognac, Cointreau, Zitronen- oder Orangenschale, Gewürznelke, Zimt, brauner Zucker.

- **Französischer Grog:** Rotwein und Zucker unter ständigem Rühren aufkochen, bis der Zucker aufgelöst ist. Dann den Kaffee beifügen und köcheln lassen.

Spanien:

- **Cremat:** Katalanischer Kaffee mit Rum und Zucker.
- **Caffè Andaluse:** Kaffee, Milch, Kakaopulver & Zartbitterschokolade, Zucker, trockener Sherry.
- **Carajillo (sprich: karachijo)** Espresso mit Brandy (spanischer Weinbrand) im Shotglas.
  - Brandy und Zucker unter Dampf aufwärmen, Espresso dazu
  - Brandy in den fertigen Espresso gießen
  - Brandy erhitzen und anzünden. Zucker karamellisieren und dazugeben.

  Mit Espresso löschen. Carajillo wird heute aber auch mit anderen Spirituosen wie Rum, Whisky oder Likören aus Anis zubereitet.
- **Café del tiempo:** ist eine im Sommer beliebte Variante: Hierbei wird meist ein mit Anis-Likör zubereiteter Carajillo zusammen mit einem Glas Eiswürfel serviert. Der Carajillo wird nach Geschmack gesüßt und dann in das Glas mit Eiswürfeln geschüttet. Obwohl der Carajillo ein sehr stark alkoholhaltiges Getränk ist, wird er in Spanien zu jeder Tageszeit getrunken, auch zum Frühstück oder nach dem Abendessen.

- **Spanischer Kaffee:** Heißer Kaffee wird mit erhitztem Rotwein und Weinbrand verrührt. Zucker, Zitronenschale.
- **Mexican hot coffee:** doppelter Espresso; Brauner Tequila; Kahlúa (Kaffeelikör); Brauner Zucker; Sahne.

Der Kaffee muss heiß wie die Hölle, schwarz wie der Teufel, rein wie ein Engel und süß wie die Liebe sein.

Charles-Maurice de Talleyrand-Périgord, Französischer Staatsmann

A:
Qualitätsbezeichnung für Kaffee in Indien

AA:
Qualitätseinstufung von Kaffeebohnen, die etwas größer sind als die herkömmliche Norm. Der Begriff AA wird heute als ein Synonym für die höchste Kaffeequalität schlechthin verwendet

AAA:
Von Nespresso entwickeltes Qualitätsprogramm, das dem „AA" für die höchste Kaffeequalität ein drittes „A" für die Nachhaltigkeit (Sustainability) hinzufügt. „AAA" ist weiters eine Qualitätsbezeichnung für Kaffee in Peru

Achille Gaggia:
Erfinder der Kolbenmaschine (siehe) **4i.29**

Acrylamid (engl. Acrylamide):
Unerwünschte Röststoffe **2.24**

Adams, Samuel:
Begründer der Boston Tea Party **4i.23**

Aga Suliman:
Brachte den Kaffee nach Frankreich **4i.13**

Aged Coffee:
Kaffee, der in Lagerhäusern (teils bewusst, manchmal unfreiwillig) gelagert wird. Diese Alterung ist meist ein Reifeprozess, der Säure reduziert und den Körper ausbaut

Agrocoffea:
Subart der Coffea Gattung (siehe) **1.05**

Aktivkohle:
Absorbierendes Material in Wasserfiltern **4c.12**

Albumin:
Ein Protein **4e.04**

Alkaloide:
Organische, stickstoffhaltige und meist alkalische natürlich vorkommende Verbindungen in Pflanzen (milde Stimulantien). Sie umfassen Koffein (Kaffee, Tee, Kakao), Theophyllin (Tee) und Theobromin (Kakao)

Arabica oder Coffea Arabica:
Die bekannteste Kaffeepflanze der Welt. Sie macht 70 % des Weltmarktes aus **1.03; 7.08; 7.18**

Arabusta:
Kreuzung zwischen Arabica und Robusta **1.06**

Aroma/Aromastoffe:
Entfaltet sich erst beim Rösten. Rohkaffee riecht nach Gras, Heu und Erde. Es sind mehr als 1.000 Aromastoffe identifiziert **2.06**

Aromatisierte Zucker: **4a.34**

Aromaverlust: **4g.02**

Aufbereitung:
Art der Weiterverarbeitung der frisch geernteten Kaffeekirschen **1.43**

Aufschäumen:
Prozess, bei dem die Milchproteine mit Luft durchmischt werden, um einen feinporigen cremigen Schaum zu erhalten **4e.13**

Australia Queensland Skybury:
Australischer Luxuskaffee **1.17**

Avicenna:
Persischer Arzt im 11.Jh., der die Wirkung des Kaffees beschrieb **4i.02**

Baba Buddan:
Exportierte den Kaffee nach Indien **4i.07**

Backstoffe: **2.24**

Bacon, Francis:
Englischer Philosoph, für die Verbreitung des Kaffees in England verantwortlich **4i.10**

Bagel:
Handtellergroßes rundes Gebäck aus Hefeteig mit einem Loch in der Mitte

Barista: (Plural: Baristi (männlich) und Bariste (weiblich)):
Die italienische Bezeichnung für den erfahrenen Bartender & Caffè-Bar Spezialisten. In der modernen Coffeeshopwelt bezieht man diese Fähigkeiten auf den Kaffeebereich

Bat Crop:
Fledermauskaffee. Die Bohnen werden von Fledermäusen gefressen und wieder ausgeschieden, anschließend aufbereitet und verarbeitet **1.17**

Bayreuther Kanne:
Keramikfiltermaschine (Karlsbader Kanne) **3.02**

BBB:
„Blacks, Browned, Bits"; eine Qualitätsbezeichnung für Kaffees aus Indien der untersten Qualitätsstufe

Beneficio:
Die Verarbeitungsstation für Kaffee, die sich oft direkt am Gelände der Plantage befindet; oft gibt es auch zentrale Stellen der „Cooperativas" (siehe)

Bestäubung: **1.26**

Bio: **4h.19**

Bird Friendly:
„Vogelfreundlich". Zertifizierung und Label auf Kaffeeverpackungen

Bitter(s): 6a.22

Bitterschokolade:
Schokolade mit hohem Kakaoanteil 6b.05

Bitterstoffe: 2.08 ff; 07.02 ff

Blend:
Das Mischen von verschiedenen Kaffees, um den bestmöglichen Geschmack zu erhalten

Blue Mountain:
(siehe) Jamaica Blue Mountain 1.17

Bonifieur:
Luxuskaffee aus Guadeloupe im Fass 1.17

Booster:
Raketenantrieb. Sogenannter „Raketeneffekt", bei dem Nahrungsergänzungsmittel in konzentrierter Form als Proteine, Mineralien oder Vitamine z.B. in Smoothies (siehe) vorkommen

Bourbon:
Varietät der Arabica Pflanze 1.09

Brandy: Weinbrand 6a.17

Brauner Zucker: 4a.11

Bräunungsgrad:
Farbabstufungen des Röstkaffees; reichen von hellbraun bis fast schwarz (Espressoblends, geröstet in Neapel). Es gibt ca. 110 verschiedene Brauntöne

Brazilian Naturals:
Kaffees aus Brasilien, die trocken aufbereitet wurden. Sorgfältig trocken aufbereitete Arabicas werden wegen ihres leicht erdigen Geschmacks geschätzt. Sie sind milder und zeichnen sich durch weniger Säuren aus

Broca:
Der „Stephanoderes Coffea" ist ein Käfer, der kleine Löcher in die Bohne frisst

Brownie:
(auch Boston Brownie); ein kleiner, flacher, saftiger Schokoladenkuchen. Brownies stammen aus Nordamerika und sind letztendlich durch die Coffeeshopwelle à la Starbucks (siehe) weltweit bekannt geworden

Bruchbohnen:
Zerkleinerte Kaffeebohnen, die durch unsachgemäße Aufbereitung des Rohkaffees entstehen

Brühmethoden: 3.01 ff

Bugishu oder Bugisu:
Name für einen exzellenten Arabica Kaffee aus Uganda von den Abhängen des Mount Elgon

Bukoba:
Robusta Varietät in Uganda 1.16

Bulk ware:
Heute wird der Kaffee meist lose in Containern aus den Ursprungsländern angeliefert 4h.02

Bun oder **Buna:**
Urname für die Kaffeebohne in Äthiopien 1.01

Café au lait:
Französischer Ausdruck für Milchkaffee (meist Filterkaffee zum Frühstück)

Cafestol:
Fettähnliche Substanz im Kaffee 5.16

Caffè:
Italienisches Wort für Kaffee

Caffètiera (Cafétiera):
Ein anderer Ausdruck für die Mokka Maschine (auch Espressokocher) Kap.3/S.54

Canephora:
Robusta; (siehe) Coffea Canephora

Caracol(i) oder **Caracolito:**
Synonym für Peaberry oder Perlbohne (siehe)

Catimor:
Kreuzung von Coffea Caturra und Timor 1.06

Catuai oder **Catucai:**
Arabica Varietät 1.09

Catura oder **Caturra:**
Ist eine Varietät der Arabica Bohne, schnell reifend, relativ resistent gegenüber Krankheiten, aber in der Qualität umstritten 1.09

Cerrado:
Savannenlandschaft in Zentralbrasilien, u.a. mit den Kaffeebundesstaaten Minas Gerais, Paraná und São Paulo. Gilt heute als eines der besten Kaffeeanbaugebiete Brasiliens

Cezve:
Türkische Kaffeekochkanne (Ibrik) Kap.3/S.52

Charge:
Die bei einem Röstvorgang entstandene Menge Röstkaffee 2.18

Chicory (engl.) oder Chicoree Kaffee:
Kaffeeersatz. Zichorienkaffee. Wird heute noch geröstet und als Kaffeeersatz getrunken oder dem Bohnenkaffee beigemischt

Chlorogensäure:
Eine Säure im Kaffee 5.06 ff

Cialde: (ital.):
Italienisches Wort für Espressopads **4d.01**

Coffea:
Kaffeepflanzengattung der Rubiaceae
Kaffeepflanze **1.03 ff**

Coffea Canephora: Robustapflanze **1.3. ff**

Coffee-to-go:
Aus der amerikanisch/britischen Coffeeshopszene kommende Bezeichnung für das mobile Transportieren bzw. die Mitnahme von Kaffees (meist) aus einem Coffeeshop, mittels Papier- bzw. Thermobecher

Coffee-Shop:
Die moderne Bezeichnung für Kaffeehäuser oder Cafés. Kennzeichen sind die Selbstbedienung, die modern-coole Einrichtung, das Sortiment, das sich vom klassischen Kaffeehaus unterscheidet, sowie die jugendliche Urbanität

Coffie Mamas (engl. coffee mamas)**:**
Schattenspender, -bäume **1.45**

Cognac: Weinbrand **6a.17**

Colombian Milds:
Im Welthandel werden die „Washed Arabicas" (siehe) im Gegensatz zu den „trocken aufbereiteten" als „Milds" bezeichnet (je nach Herkunft „Colombian Milds" oder „Other Milds")

Cona Kanne:
Vakuummaschine **Kap.3/S.53**

Concha:
Ohrenbohne **1.14**

Conche:
Begriff aus der Schokoladeverarbeitung **6b.19**

Conillon:
Robustakaffee in Brasilien **1.16**

Cookies:
Plätzchen (Gebäck), das vor allem in Coffeeshops zum Kaffee angeboten wird

Cooperativa:
Eine Gemeinschaft von Bauern aus einer Region

Costa Rica:
Produzent von ausgezeichneten Kaffees. Ausschließlich Arabicas. Schwer beschädigt durch die Kaffeekrise zu Beginn dieses Jahrhunderts. Die bekanntesten Kaffees sind (San Marcos de) Tarrazu, Tres Rios, Heredi und Alajuela

Crema:
Eine durch Kaffeeöle gebildete, feinschaumige Schicht beim Espressokaffee, in denen Duft- und Geschmacksstoffe vorkommen **7.13**

Criollo:
Die feinste Kakaosorte **6b.07**

Cup of Excellence:
Eine Organisation bzw. ein Wettbewerb, bei dem die besten Kaffees verschiedenster Welternten (mittels Cupping (siehe) vor Ort verkostet, bewertet und an die Röster – per Internet Auktion – öffentlich versteigert werden

Cupping:
Professionelles, sensorisches Verkosten von gebrühtem Kaffee mittels Cupping-Löffel

Dampfdruckkannen: **Kap.3/S.53**

Dauerfilter:
Meist ein Metallfilter für Filtermaschinen, statt der Verwendung von Papier als Filtereinsatz

Defekte:
Fehler an der Kaffeebohne, die während der Ernte, Aufbereitung, Transport oder Lagerung entstehen können. Sie verändern das Geschmacksbild des gerösteten Kaffees

De La Roque, Jean:
Brachte den Kaffee nach Frankreich **4i.11**

Demerara Zucker:
Brauner Zucker, erzeugt aus raffiniertem, rohen Rohrzucker **4.15**

Diodato, Johannes:
Erster Kaffeesieder Wiens **4i.16**

Djimah, Djimma oder Jimma:
Ein Kaffee aus Äthiopien. Der „Washed Djimah" bringt ausgezeichnete Qualitäten hervor

Dosierer:
Ein auf der Kaffeemühle angebrachtes Gerät mit Federzug, das einzelne Portionen an gemahlenem Kaffee in den Siebträger auswirft

Double Picked oder kurz DP:
Die Kaffeebohnen werden im besten Fall per Hand aussortiert und von defekten, schadhaften Bohnen (meist aufgrund der Farbe) und Steinen oder Fremdkörpern getrennt. Die allerbesten Bohnen werden zweimal oder sogar dreimal aussortiert (triple picked)

Druck:
Einer der wichtigsten Faktoren bei der Zubereitung des perfekten Espresso. Entscheidend für die richtige Extraktion der Bohnen ist der richtige Brühdruck, der bei 8–9 Bar liegt. Wichtig ist auch, dass der Druck während der Dauer der Extraktion konstant ist

Einbrand:
Bezeichnung für den Gewichtsverlust des Rohkaffees bei der Röstung, der bis zu 20% betragen kann, sofern es sich um eine Langzeitröstung handelt **2.03**

„En oro":
Bezeichnet den gewaschenen Kaffee, nachdem die Pergament- und Silberhaut entfernt wurden

„En parche":
Bezeichnet den Kaffee in der Pergamenthaut

„En Pergamino":
Beschreibt den nass aufbereiteten Kaffee, verschifft mit der getrockneten (hellgelben) Pergamenthaut an der Bohne. Die Pergamenthaut wird vor der Röstung entfernt

Entgasung, Entgasen, Ausgasen, engl. Degassing:
Natürlicher Prozess nach der Röstung. Der frisch geröstete Kaffee gast weiter aus und gibt Kohlendioxid ab

Entkalker: **4b.11 ff**

Entkoffeinierter Kaffee:
Kaffee, welchem das Koffein mittels (organischen) Lösungsmittel entfernt wurde, es bleiben lediglich Restmengen von ca. 0,1% Koffein vorhanden **5.13**

Entkoffeinierung: **5.14**

Entkoffeinierungsmittel: **5.14**

Entpulpen:
Das Entfernen des Fruchtfleisches der Kaffeekirsche (auch Pulpe oder Pulp genannt) von der Kaffeebohne

Erträge: **1.32 ff**

E.S.E.:
heißt „Easy Serving Espresso" und bezeichnet Espresso-Einzelportionen **4d.01**

Espresso, Espressomethode: **Seite 55**

Espressokocher:
auch Mokka Kanne, Caffètiera, Cafètiera **Kap.3/S.53**

Espressomahlung: **4g.21**

Espressopads:
Italienisch Cialde; Einzelportionen für die Verwendung als Espressokaffee **4d.01**

Espressotasse:
ca. 60–80 ml Inhalt. Meist aus Porzellan, Steingut oder Glas **4f.09**

Essigsäure:
Bekannte Säure im Kaffee **4b.12**

Estate (Grown) Coffee:
Plantagenkaffee, der eine exakte Lage (Farm) bezeichnet **1.42**

Eucoffea:
Subart der Coffea Gattung **1.05; 1.84**

Excelsa:
Eine Kaffeesorte und Bohnenrarität; sie wurde im Tschad entdeckt, wo sie auch heute noch angebaut wird. Kräftiger Wuchs von 10–15 m, gedeiht auch auf trockenen Böden mit wenig Regen, trotzdem nur 1% der Welternte **1.04**

Expresso:
Französische Wortherkunft des Espressos **7.20**

Extrakt oder **Kaffee-Extrakt:**
Konzentrierte pulverige oder körnige Auszüge aus geröstetem und gemahlenem Kaffee, meist hergestellt durch Gefriertrocknung. (Löskaffee, Instantkaffee, ... (siehe))

Extraktion:
(lat. „extrahere" = herausziehen): Ein physikalisches Stofftrennverfahren, das das Herauslösen von Geschmacks- und Aromastoffen aus dem Kaffeepulver mittels heißem Wasser bezeichnet

Faema E 61:
Eine revolutionäre Brühgruppe. Erfunden von Ernesto Valente, der 1961 als Ingenieur beim italienischen Hersteller „Faema" beschäftigt war. Sein Patent der „E 61" machte es möglich, dass das heiße Wasser gleichmäßig und mit der richtigen Temperatur auf das Kaffeepulver im Siebträger trifft. Die „E 61 – Gruppe" wird heute noch verwendet

Fair Trade (-Kaffee): **4h.11 ff**

Fanega(s): Hohlmaß (Volumenmaß) in Lateinamerika

Fazenda oder **Finca:**
Bezeichnung für eine Kaffeeplantage

Fermentierung/Fermentation:
Ein Arbeitsschritt bei der „nassen Aufbereitung" des Kaffees, wo durch die Fermentierung, (ca. 1-tägiger Gärprozess) die Fruchtfleischreste durch natürliche Enzyme von den Bohnen gelöst werden

Fettarme Milch: **4e.11**

Fettreif:
Grauschimmer der Schokolade **6b.15**

Fettsäuren:
Linol- und Palmitinsäure sind die wichtigsten bekannten Fettsäuren im Kaffee

Fettstoffe (Lipide oder Kaffeeöle):
Rohkaffee enthält circa 10 bis 13% an Fettstoffen, Arabica mehr als Robusta. Geröstete Bohnen enthalten bis zu 16% an Kaffeeölen

Filippi Bohnen:
Bestehen aus zwei ganzen Bohnenpaaren **1.15.**

Filterkaffee: **Kap.3/S.49 ff; 7.06**

Filtermethode:
Technisch gesehen jede Brühmethode, bei der Wasser durch gemahlenen Kaffee gefiltert wird. Im herkömmlichen Sprachgebrauch beschreibt die Filtermethode meist das Filtern mittels Filterpapier. Alternativ gibt es aber auch Metall oder Porzellanfilter

Filterpatronen: **4c.02**

Flavanole/Flavonoide:
Wichtige Antioxidantien im Kakao **6b.03**

Flavor oder **Flavour:**
engl.: Wort für Geschmack und Aroma **4a.34**

Flavored Kaffees/Flavoured Coffees:
Flavo(u)red bedeutet aromatisiert, also aromatisierte Kaffees **4a.34**

Fledermauskaffee: (siehe) Bat Crop **1.17**

Flüssigkonzentrat: **Kap.3/S.58**

Fogo:
Portugiesisch „Feuer"; eine der Kapverdischen Inseln. Der Pico do Fogo ist der höchste Berg und einzige aktive Vulkan der Inselgruppe. Der Kaffee von den Abhängen dieses Vulkans gilt als einer der besten der Welt **1.17**

Forastero:
Kommerzielle Kakaosorte; 70–80 % des Welthandels **6b.08**

Fremdpartikel:
Fremdpartikel, die während der verschiedenen Arbeitsschritte der Kaffeeproduktion (-handels) in die Kaffeesäcke bzw. zum Käufer kommen. Dabei kann es sich um Steine und Holz, aber auch Flaschen, Messer und Schmuck handeln

French Press:
Press-Stempelkanne **Kap.3/S.54**

Frischbrühmaschine: **Kap.3/S.58**

Fully-washed:
Bezeichnung für eine bestimmte Aufbereitungsart des Rohkaffees **1.43**

Futures oder Coffee Futures:
Kontrakte; Spekulationsgeschäfte, die auf steigende oder fallende Kaffeepreise abgeschlossen werden

Gefriertrocknung:
Relativ aufwendige Produktionsmethode zur Herstellung von löslichem Kaffee. Dabei wird Kaffee-Extrakt gefroren, um danach unter Unterdruck seinen Wassergehalt durch Verdampfen zu verlieren

Gerbsäure:
Eine von mehr als 80 im Rohkaffee nachgewiesenen Säuren **3.11; 3.13**

Gesamthärte: **4c.06**

Geschmack:
Unser Geschmacksinn beschreibt die verschiedenen Aromen des Kaffees: den Körper, die Fülle, die Säure, die Bitterkeit, die Milde, das Würzige

Getreidemilch: Milchersatz, wie Sojamilch **4e.17**

Ghimbi oder **Gimbi:**
Ein nass aufbereiteter Kaffee aus dem westlichen Äthiopien

Glaskolbenkaffeemaschine:
Kona Kanne oder Vakuummaschine. **Kap.3/S.53**

Glassy Beans:
Weiße Bohnen, die nicht richtig getrocknet wurden oder nach dem Trocknen erneut Wasser aufgenommen haben

Glastasse: **4f.11 ff**

Glukosesirup:
Zuckeraustauschstoff **4a.36**

Go Downs:
Eine Bezeichnung für eine bestimmte Spätlese

Grade oder **Grading:**
Das Maß für die Qualität der Bohnen, festgelegt u.a. durch Größe, Porosität, Höhe, in der die Bohnen gewachsen sind und Anzahl von Defekten/Fehlern (wie Steine, Holz, überreife und unreife Bohnen)

Grappa: **6a.06 ff**

Green Coffee:
Der Rohkaffee oder auch Grünkaffee ist ungeröstet

Grind on Demand:
Mahlen zum Zeitpunkt des Bedarfes **4g.23**

Guatamala:
Komplexes Kaffeeherkunftsland. Die besten Qualitäten wachsen in den zentralen Hochländern von Antigua und Atitlan oder in den gebirgigen Regionen von San Marcos, sowie in Cobán und Huehuetenango

Haiti:
Kaffees von der Karibikinsel werden vorwiegend in die USA geliefert und meist unter dem Namen „Haitian Bleu" vermarktet

Halbschwarze Bohnen:
Entstehen durch fehlerhaftes Trocknen und unreifes Ernten von Kaffeebohnen.

Haltbarkeit: 2.27

Handaufguss: Kap.3/S.48

Handfilter: Kap.3/S.50

Handhebel / Handhebelmaschine: Kap.3/S.56

Handmühle: 4g.03

Hard:
Die Handelsbezeichnung für Kaffee geringerer Qualität im Gegensatz zu den „Milds"

Hard Bean oder **HB:**
Bezeichnung für einen Kaffee, der in größeren Höhen wächst

Harrar, Harar, Harer oder **Mocha Harrar:**
Der beste der trocken aufbereiteten oder „natural coffees" in Äthiopien, aus den östlichen Landesteilen, nahe der Stadt Harrar

Härtearten: 4c.05

Härtegrade: 4c.06

Hawai(ian) Kona, Maui, Kauai, Molokai oder Oahu:
Kaffees der Pazifikinsel bzw. des US Bundesstaates Hawaii zählen zu den absoluten Spitzenkaffees, geprägt von einem nussigen Aroma, kräftigen Körper und einer feinen Säure **1.17**

High-Grown oder HG:
Bezeichnung für Kaffees aus Lateinamerika, die in einer Höhe von knapp 1.000 m und höher gewachsen sind. Die Qualität ist besser als die von Kaffees in niedrigeren Gebieten

H-Milch (Haltbarmilch):
Bezeichnung für länger haltbar gemachte Milch. Die Milch wird dabei erhitzt (Fallstromerhitzung oder Ultrahocherhitzung) bzw. sterilisiert **4e.14**

Hochlandkaffee:
Arabica Kaffees, die auf über 1.000 m Seehöhe kultiviert werden

Homogenisieren:
Konservierungsverfahren bei der Milch **4e.08**

Honig: 4a.18

Hoorn, Joan van:
Brachte die Kaffeepflanzen nach Indonesien **4i.20**

Huehuetenango:
Einer der besseren Kaffees aus Guatemala

Hygroskopisch:
Heißt, dass der Kaffee Feuchtigkeit aufnehmen kann **4g.09**

Ibrik oder **Ibric:**
Kanne zur türkischen Kaffeezubereitung **3.02**

Icatu:
Kreuzung aus Arabica und Robusta **1.6.**

Illy Francesco und Ernesto:
Italienische Kaffeedynastie **4i.30**

Indian, Indian Mysore oder **Mysore Straight:**
Markenname für bestimmten, qualitativ sehr hochwertigen – nass aufbereiteten – Kaffee aus Indien, gewachsen im Süden des Landes, in Karnataka (ehemals Mysore)

Indian Monsooned Malabar:
Arabica Kaffee aus Indien, der in offenen Lagerhäusern dem Monsunregen ausgesetzt wird. Der daraus resultierende Kaffee ist in seiner Charakteristik besonders säurearm mit komplexem Aroma. Mild, aber dennoch würzig

Indonesien Kaffee, Indonesia Coffees oder **Indonesian:**
Meist unter dem Namen der Insel vermarktet, auf der der Kaffee wächst, wie Sumatra, Sulawesi, Java, Timor uvm.

Industrieröstung: 2.23

Instantkaffee:
Auch Löslicher Kaffee, ist Röstkaffee in Pulverform, der durch Zugabe von heißem Wasser zubereitet wird. Die Bohnen werden bei der Produktion geröstet, gemahlen, aufgebrüht und konzentriert. Danach werden sie mittels Sprüh- oder Gefriertrocknung getrocknet **Kap.3/S.58**

Instantmaschine: Kap.3/S.58

Instantzucker:
Schnell löslicher Zucker **4.21**

„In store":
Ein Vertrag, der den Verkäufer dazu verpflichtet, den Kaffee zu lagern, zu reinigen, und für den Transport fertig zu machen

Invert Zucker: 4.07

Ismaili oder **Yemen Ismaili:**
Markenname für einen der besten Kaffees aus Jemen (neben Mattari und Harazi)

Isolierkanne:
Ein Behältnis für Filterkaffee, das im Vergleich zur klassischen Glaskanne ein besonders aromaschonendes Warmhalten des Kaffees ohne weitere Wärmezufuhr erlaubt

Jacu (Kaffee):
Jacu ist ein Vogel in Brasilien. Der gleichnamige Kaffee gilt als einer begehrtesten Kaffees der Welt. Der Kaffee wird, ähnlich dem Kopi Luwak, schon vor der Aufbereitung einem „natürlichen Verdauungs- und Fermentierungsprozess" im Körper des Tieres ausgesetzt – also wieder ausgeschieden, dann gereinigt und aufbereitet **1.17**

Jamaica Blue Mountain:
Eine der besten und teuersten Kaffeesorten der Welt. Dieser Arabica-Kaffee wird in den bis zu 2.100 Meter hohen Blue Mountains der karibischen Insel Jamaika angebaut

Jimma5:
Hafen in Äthiopien und Bezeichnung für die meisten dort angelieferten Kaffees **1.22**

Jimma, Djimah oder **Djimma:**
Ein Kaffee aus Äthiopien. Der „Washed Djimah" bringt ausgezeichnete Qualitäten hervor

Kachve:
Ursprung des Namens „Kaffee"; kommt aus dem Arabischen und bedeutet „Kraft gebend" **1.01.**

Kaffa:
Provinz in Äthiopien **1.01**

Kaffeebauern: **1.23; 4h.01 ff**

Kaffeebecher: **4f.03**

Kaffeebohne:
Samen des Kaffeebaumes. In der Kaffeekirsche liegen zwei Samen (Kaffeebohnen) mit ihren abgeflachten Seiten eng aneinander gepresst **1.03**

Kaffeebrände: **6a.02**

Kaffeedestillate: **6a.02**

Kaffeefarbstoffe:
Sogenannten Melanoidine entstehen beim Rösten (Karamellisierungsprozess). Aber auch Maillard-Produkte tragen zur Färbung des Kaffees bei. Viele dieser Prozesse sind bis heute nicht restlos erforscht

Kaffeefehler, -mängel:
Die Hauptmängel des Rohkaffees sind Bruchbohnen (siehe), wurmstichige Kaffeebohnen (siehe), schwarze, halbschwarze und weiße Bohnen (siehe), Conchas (siehe), Undermatures (siehe), überfermentierte Bohnen (siehe), Fremdpartikel, Stinker (siehe), Quaker (siehe)

Kaffeefett:
Rückstände der ätherischen Kaffeeöle, die sich in der Brüheinheit von Kaffee- und Espressomaschinen als fettiger Film ablagern **4b.02**

Kaffee Futures (Coffee Futures):
Terminus aus dem Warentermingeschäft. Kontrakte, die auf steigende und fallende Kurse beim Kaffee setzen

Kaffeehausliteraten:
Ende des 19. Jahrhundert wurde das „Wiener Kaffeehaus" (neben Wien auch in Prag und Budapest) zum Mittel- und Treffpunkt der Literaturszene. Sogenannte Kaffeehausliteraten wie Peter Altenberg, Alfred Polgar, Karl Kraus, Hermann Broch und Friedrich Torberg machten ihre Stammcafés zur bevorzugten Lebens- und Arbeitsstätte. Aber auch andere Künstler wie Arthur Schnitzler, Stefan Zweig, Egon Schiele und Gustav Klimt waren häufige Kaffeehausgäste

Kaffeehausstühle: **4i.26**

Kaffeekanne: **Kap.3/S.49**

Kaffeekirsche (engl. „cherry"):
Die Früchte des Kaffeestrauches, die (meist) zwei Kerne (Bohnen) enthalten **01.27 ff**

Kaffeekrise: **1.24; 4h.03 ff**

Kaffeeliköre: **6a.23**

Kaffeemahlen: **4g.10**

Kaffeemehl, -pulver:
Gemahlener Kaffee

Kaffeeöl(e):
Flüssige Essenz, die während des Röstens entsteht **4b.02**

Kaffeeproduzenten: **1.25**

Kaffeerost:
Lat. Hemileia Vastatrix; ein Pilz der die Blätter des Kaffeestrauches befällt; Robusta ist weniger anfällig als Arabica **1.16**

Kaffeesäcke: **1.44**

Kaffeeschokoladen: **6b.17**

Kaffeeschütten:
Behältnisse für die Aufbewahrung von Kaffee

Kaffeespirituosen: **6a.15**

Kaffeestrauch, -baum:
Die Coffea Pflanze gehört zur Familie der Rötegewächse (Rubiaceae). Coffea sind Gehölze, also Sträucher, die bei den Arten Liberica bis über 25 m hoch werden können **1.29 ff**

Kakaosorten: 6b.08

Kalk: 4b.08 ff

Kalorien: 5.03; 4.22 ff

Kalossi:
Eine Anbauregion in den südöstlichen Hochländern von Sulawesi (Indonesien)

Kalte Extraktion, Kaltauszug: Kap.3/S.58

Kaltmilchschaum:
Im Spindelmixer kalt aufgeschlagene Milch

Kandiszucker:
Zuckerkristalle, die aus Zuckerlösungen auskristallisiert werden **4a.19**

Kapselmaschinen: Kap.3/S.57

Karlsbader Kanne:
Kaffeekanne mit Keramikfilter **Kap.3/S.50**

Kasein:
Ein Protein in der Milch **4e.06**

Kawheol:
Ein Kaffeeöl; eine fettähnliche Substanz **5.16**

Kegelmahlwerk: 4g.05

Kenya AA:
Gilt als die beste Qualität in Kenya

Keramikfilter: Kap.3/S.50

Kilimanjaro, Kilimandscharo:
Luxuskaffee von den Abhängen des Kilimandscharo in Tanzania

Knacken:
Vorgang beim Rösten **2.20**

Koffein: 2.09; 5.12; 5.27

Koffeinfrei: 5.13 ff

Koffeinfreie Kaffeepflanze: 1.04

Kohlenhydrate:
Anteil von 30–40 % im Rohkaffee **1.20**

Kolbentechnik: Kap.3/S.56

Kolschitzky, Georg Franz:
Einer der ersten Kaffeesieder Wiens, aber nicht der erste **4i.15**

Kona:
(siehe) Hawaii Kona

Konservierung:
Wichtiger Faktor, um den Kaffee nach dem Rösten vor Sauerstoff zu schützen

Kopi Luwak:
Verdauter Luxuskaffee aus Indonesien **1.17 ff**

Körper:
Sensorische Bezeichnung für die Fülle eines Kaffees

Krankheiten:
(siehe) Schädlinge **1.40**

Labels:
Gütesiegel auf Kaffeeverpackungen **4h.15 ff**

Lagenkaffees oder Estate (Grown) Coffee:
Plantagenkaffee **1.23**

Lagenschokolade:
Kakao von einer einzigen Plantage **6b.10**

Lagerung: 2.30

Laktose:
Milchzucker **4e.18 ff**

Laktosefreie Milch: 4e.19

Laktoseintoleranz:
Verlust der Fähigkeit, die Laktose zu spalten **4e.18**

Late Harvest:
Spätlese **1.37**

Latte:
Italienische Bezeichnung für Milch. Latte ist auch oft die Bezeichnung für Caffè Latte (siehe Kapitel 8 Kaffeerezepte)

LatteArt:
LatteArt bedeutet wörtlich Milchkunst **4e.22**

Laurentii:
Robusta Varietät in Uganda **1.16**

Liberica:
Coffea Varietät **1.4**

Likör(e): 6a.20 ff

Lloyd, Edward:
Englischer Kaffeesieder und Begründer des modernen Versicherungswesens **4i.18**

Löslicher Kaffee:
(siehe) Instantkaffee

Luigi Bezzera:
Mailänder Ingenieur; meldete die erste Espressomaschine 1901 zum Patent an

Luwak:
(siehe) Kopi Luwak **1.17 ff**

Madagaskar Kaffee:
Kaffee von der Insel mit den meisten noch vorhandenen Kaffeevarietäten **1.17.**

Mahlgrad: **4g.08 ff**

Mahlgut: **4g.11 ff**

Mahlscheiben: **4g.06 ff**

Maillard-Effekt, -Produkte:
Bestimmte Reaktion beim Rösten, bei der aus wenigen Ausgangsstoffen zahlreiche neue Stoffe entstehen (Aroma-, Bitterstoffe) **2.07**

Maragogype:
Arabica Varietät; Riesenbohne **1.09**

Mascarocoffea:
Subart der Coffea Gattung **1.04; 1.05; 1.19**

Mathieu De Clieu, Gabriel:
Begründer der Kaffeeplantagen in der Karibik, Zentral-, Mittel- und Südamerika **4i.21**

Melasse (engl. „molasse"):
Dunkelbrauner Sirup, der bei der Zuckerproduktion entsteht. „Molasse Cane Sugar" ist der Zucker mit dem höchsten Anteil an Melasse und dem vollsten Aroma **4.12**

Melitta Bentz:
Erfinderin des Papierfilters **3.02; 4i.28**

Melo Palheta, Francisco de:
Brachte die Kaffeepflanze nach Brasilien **4i.22**

Milchreiniger: **4b.17**

Milchschaum, -schäumen: **4e.10, 4e.15**

Milchschokolade: **6b.05**

Milchtypen: **4e.09**

Milchzucker: Laktose **4e.20**

Milds:
Eine Bezeichnung für Washed Arabicas; (siehe) Colombian Milds

Mineralwasser: **7.15**

Mokka oder **Moccha:** **6b.24**

Mokka Kanne: **Kap.3/S.53**

Monodose:
Ital. Einzelportion **4d.01**

Monsooning:
Säureabbau beim Rohkaffee durch Feuchtigkeit **2.12**

Mörser:
Zerstoßen des Mahlgutes **4g.04**

Muscovado Zucker:
Moscovado ist der ungereinigte und unraffinierte braune Rohrzucker **4a.16**

Mühlentypen: **4g.03**

Mundo Novo:
Arabica Varietät **1.09**

Nachhaltigkeit: **4h.20**

Naironi, Antonius Faustus:
Syrischer Professor in Rom, der als erster dem Kaffee Heilerfolge bei zahlreichen Leiden attestierte **4i.14**

Napoletaner, Napolitaner, Neapolitanische Kaffeekanne: Wendekanne **Seite 51**

Niaouli Kaffee:
Robusta Kaffee in Madagaskar **1.16**

Ober:
Bezeichnung für den Kellner im Wiener Kaffeehaus

Obers:
Bezeichnung für Sahne in Österreich.

Organic Coffee:
Bezeichnung für „Bio Kaffee" in den USA

Ostindische Kompanie:
Handelsgesellschaft, die 1602 von den Niederländern zur Ausdehnung ihrer überseeischen Handelsinteressen gegründet wurde. Sie war maßgeblich an der Verbreitung des Kaffeeanbaus beteiligt

Other Arabicas:
Trocken aufbereitete Kaffees werden als „Brazilian & Other Arabicas" klassifiziert

Other Milds:
Unterteilung der „Washed Arabicas" (siehe Colombian Milds)

Ozdemir Pasha:
Brachte den ersten Kaffee in die Türkei **4i.05**

Pacamara, Pakamara:
Beinahe ausgestorbene Riesenbohne aus Brasilien **1.09**

Padmaschinen: **Kap.3/S.57**

Pads:
Einzelportionen **4d.01 ff**

Pannarello oder Panarello:
Kunststoffaufsatz für Dampfdüsen an Espressomaschinen und -vollautomaten

Papierfilter: **Kap.3/S.51**

Papst Clemens VIII:
Gab dem Kaffee seinen kirchlichen Segen **4i.08**

Paracoffea:
Subart der Coffea Gattung **1.5**

Partikelfilter: **4c.12**

Peaberry oder **„caracoli":**
(siehe) Perlkaffee. Die Bohnen werden bei der Aufbereitung aussortiert und als separater Kaffee gehandelt **1.11.**

Percolator oder **Perkolator:** **Kap.3/S.53**

Pergamenthülle:
Dünne, hellgelbe Schale, die die beiden vom Silberhäutchen umschlossenen Samen der Kaffeekirsche (Kaffeebohnen) umgibt **1.30**

Pergamentkaffee (auch Pergamino, Hornschalenkaffee oder Porchment genannt):
„Fully Washed Coffee" **1.43**

Perlkaffee, -bohne:
Kirsche mit nur einer statt zwei Kaffeebohnen **1.11.**

pH-Wert:
Gibt an, wie sauer oder alkalisch das Wasser ist **4c.08**

Picking:
Erntemethode der Kirschen, bei welcher nur die jeweils reifen roten Kaffeekirschen von Hand gepflückt werden **1.36**

Pietro della Valle:
Italienischer Kaufmann, der den Kaffee nach Venedig brachte **4i.09**

Pipil:
Ist die Bezeichnung für Kaffee auf Aztekisch bzw. in der Mayasprache

Plantagenkaffees:
Kaffees, die von einer einzigen Plantage kommen

Plantagenschokoladen: **6b.10**

Pocos de Caldas:
Ort in Minas Gerais/Brasilien, wo es bis zu 130 Jahre alte Kaffeebäume gibt

Pod(s):
Englisches Wort für Pad, Einzelportion **4d.01**

Polieren:
Letzter Arbeitsgang bei der Aufbereitung hochwertiger Kaffees.

Portafilter:
Siebträger

Pressstempelkannen:
French Press **Kap.3/S.54**

Proberöster: **2.26**

Procopio dei Coltelli:
Gründer des ersten Kaffeehauses in Paris **4i.17**

Prosper Alpinus:
Fertigte die erste exakte Beschreibung der Kaffeepflanze an **4i.06**

Proteine:
Eiweiß **4e.03 ff**

Pulp oder **Pulpe:**
Fruchtfleisch der Kaffeekirsche; wird bei der Aufbereitung trocken oder nass entfernt; die Pulpe wird oft als Dünger verwendet, findet aber mittlerweile auch in der Getränkeindustrie Verwendung

Pulped natural:
Methode der nassen Aufbereitung; die Bohnen werden mit den Fruchtfleischresten getrocknet **1.43**

Pulper:
Maschine zum Trennen von Kaffeekirschen und Kaffeebohnen

Pyrolyse:
Thermischer Prozess, der bereits bei 60 °C während des Röstens einsetzt. Hier entstehen die Öle, die als Aromaträger im Kaffee vorkommen **2.01**

Quaker:
Kaffeebohnen, die häufig eine faltige Oberfläche haben und durch ein gehemmtes Wachstum nicht richtig entwickelt sind. Quaker dunkeln nicht richtig beim Rösten, sind aber nicht mit Undermatures (siehe) zu verwechseln

Qualität:
Ergibt sich durch die Rohkaffeequalität wie Bohnensorte, Anbauregion, Erntemethode, Aufbereitungsart, Lagerung und dann durch Transport, Röstverfahren, Verpackung und andere Einflüsse

Quillou oder **Quillon:**
Robusta in Madagaskar **1.16**

Rauwolf, Leonhard:
Augsburger Arzt und Physiker, der als erster Europäer das Alltagsgetränk des Orients beschrieb **4i.03**

Reife, Reifezeit:
Kaffeekirschen reifen sechs bis neun Monate und mehr **1.27**

Reismilch:
Keine Milch, sondern eine milchige Flüssigkeit, die mit tierischer Milch außer der Farbe wenig gemeinsam hat **4e.17**

Reizstoffarmer Kaffee:
Hier wird der Kaffeebohne durch Dämpfen vor dem Rösten ein Teil der (Chlorogen-) Säure entzogen. Meist ist das Verfahren aber auch mit Aromaverlust verbunden

Relative Süße:
Sukrose ist der Maßstab für jeden süßen Geschmack mit der relativen Süße von 1.0. **4.08**

Rendement:
Gibt das Verhältnis zwischen den geernteten Kirschen und dem erhaltenen Rohkaffee an **1.34**

Resentin:
Kultprozedur rund um die Kaffee-Crema und die besten Kaffeebrände **6a.04**

Rhazes:
Beschrieb als Erster die Plantagen in Äthiopien **4i.01**

Roast:
Englisches Wort für Röstung bzw. Bezeichnung für die Röstgrade von Light über Medium bis Full Roast

Robusta:
Coffea Canephora; ca. 1/3 Weltmarktanteil **1.3.ff; 7.08**

Rohkaffee:
Grünkaffee; bezeichnet den nach der Ernte aufbereiteten Kaffee vor dem Export bzw. der Röstung

Rohkaffeehändler:
Verkäufer von Rohkaffee von den Ursprungsländern an die Röster. Bis zu 2/3 des Rohkaffeehandels laufen (aus steuerlichen Gründen) über die Schweiz

Rohrzucker:
Aus Zuckerrohr gewonnener Zucker **4a.03**

Röstaromen:
Bis zu 1.000 Aromastoffe sind bekannt, aber nur ca. 25 sind für das von uns wahrgenommene Aroma von Bedeutung **2.06.**

Röstdauer:
Reicht von 2 bis zu 30 Minuten **2.19**

Rösten, Röstung:
Wichtigster Schritt der Kaffeeveredelung, bei dem sich der Grünkaffee chemisch vollständig verändert und seine typischen Aromen zu entfalten beginnt **2.01 ff**

Röstgrade:
Je nach Dauer und Temperatur des Röstvorgangs werden in den Röstereien Kaffees unterschiedlicher Röstgrade, von hell bis dunkel, und mit den unterschiedlichsten Bezeichnungen hergestellt **2.34**

Röststoffe:
Zum Beispiel das Acrylamide **2.24**

Röstverfahren: **2.16**

Rubiaceae:
Rötegewächse, zu denen u.a. die Coffea Pflanze gehört **1.31**

Rum: **6a.16**

Runge, Ferdinand:
Entdecker des Koffeins **4i.25**

Saccharide: **4a.06**

Santos, Bourbon Santos:
Der bedeutendste Kaffeehafen in Brasilien und gleichnamiger Markenname für den Kaffee aus der gesamten Region (besonders São Paulo und Minas Gerais). Die Bezeichnung „Bourbon" sollte eigentlich nur für die spezielle Bourbon Varietät gelten, wird aber oft generell für die besseren Kaffee-Qualitäten eingesetzt **1.22**

Säure:
Insgesamt wurden um die 100 verschiedenen Säuren im Kaffee festgestellt **2.10. ff**

SCAA:
Specialty Coffee Association of America. Eine bedeutende Organisation von Spezialkaffeeröstern, -händlern, -einzelhändlern, -importeuren und Baristi mit Sitz in Long Beach

SCAE:
Speciality Coffee Association of Europe. Das Pendant zur SCAA in Europa mit Sitz in London

Schädlinge:
Die bekanntesten Schädlinge sind der Kaffeerost (Hemileia Vastatrix (siehe), die Blattlaus (Aphis Coffeae), die Grüne Kaffeelaus (Lecanium viride), die Rostrellakrankheit (Rostrella Coffeae), der Rote Kaffeebohrer (Zeuzera Coffeae), der Borkenkäfer (Xyleborus), die Wurzelälchen (Heterodera radicicola), der Kaffeekirschenkäfer (Stephanoderes coffeae) und der Kaffeezünsler (Thliptoceras Octoguttalis) **1.40**

Scheibenmahlwerk: **4g.05**

Schlagmahlwerk: **4g.05**

Schokoladeproduktion: **6b.21**

Schonkaffee(s):
Säurearmer, angeblich magenfreundlicher Kaffee mit industriell reduziertem Anteil an Säuren, Reiz- und Bitterstoffen **2.32. ff**

Schwarze Bohne:
Innerlich oder äußerlich zu mindestens 50% schwarz verfärbt. Dieser Fehler entsteht durch die Fermentation in der Pulpe, meist bei vom Boden aufgelesenen Kaffeekirschen.

Schweizer-Wasser-Prozess (SWP):
Eine Methode der Entkoffeinierung, auf der Basis von heißem Wasser, Dampf und Aktivkohle. **5.14**

Screen: Siebgröße

Screening: Bestimmen der Größe der Kaffeebohne

Semi-washed:
Aufbereitungsmethode des Rohkaffees, wobei die Fruchtfleischreste nach dem Waschen mechanisch entfernt werden **1.43**

Serving:
(siehe) E.S.E.

Shade Grown, Bird Friendly:
Ist ein Label für Kaffee, das die Wichtigkeit für die Anpflanzung von Schattenbäumen unterstreichen soll, besonders als Heimat für zahlreiche (vom Aussterben bedrohte) Singvögel („bird friendly")

SHB:
Strictly Hard Bean. Eine Qualitätsbezeichnung in Costa Rica für Hochlandkaffee, der in Höhenlagen über 1.200 m kultiviert wurde und zu den edelsten Spitzenprodukten der Welt gehört

Shitcoffee:
Umgangssprachliche Bezeichnung im Englischen für Kaffees, die durch den Verdauungstrakt von Tieren gewandert sind

Shultz, Howard:
Gründer der US Coffeeshop Kette Starbucks in Seattle, der größten Coffeeshopkette der Welt. Kehrte Ende 2007 wieder als CEO in das Unternehmen zurück

Sidamo:
Provinz in Äthiopien und Bezeichnung für den gleichnamigen Kaffee

Siebträgermaschinen:
Halbautomaten zur klassischen Espressozubereitung **Kap. 3 / S: 55**

Silberhäutchen:
Dünne, fest anhaftende Schutzhülle, die die Kaffeebohne umschließt **1.30**

Single Estate Coffee (auch **Estate Coffee):**
Plantagenkaffee von einer einzigen Farm oder Farmgemeinschaft. Estate-Namen haben mehr Aussagekraft als die Namen von Regionen oder Häfen **1.42**

Single Origin(s) Kaffees:
Sortenreiner Kaffee von einem einzelnen Land, Region oder Ernte **1.41**

Skybury:
(siehe) Australia Queensland Skybury

Smoothie:
Typisches Coffeeshopgetränk auf der Basis von Fruchtmark

Softpads:
Einzelportionen mit losem, nicht gepresstem Mahlgut **4d.01**

Sojamilch:
Ist keine Milch, sondern eine milchige Flüssigkeit aus Getreide, die mit tierischer Milch außer der Farbe wenig gemeinsam hat **4e.17**

Soldatjes:
Keimlinge **1.30**

Spätlese:
„Late Harvest" - Kirschen, die beinahe schwarz sind **1.37**

Speciality- oder **Spezialitäten-Röster:**
Neue Röstergeneration, die sich auf das Veredeln der qualitativ besten Kaffeebohnen spezialisiert hat

Sprühtrocknung:
Trocknungsmethode bei der Herstellung von löslichem Kaffee

Starbucks:
Größte Coffeeshopkette der Welt und Auslöser des globalen Coffeeshop-Booms

Steingut: **9.07 ff**

Stempel:
(siehe) Tamper

Stenophylla:
Coffea Varietät; eine besonders kleinblättrige Pflanze aus Westafrika

Stevia:
Zuckerersatzstoff mit hoher Süßkraft. **4a.37**

St. Helena:
Luxuskaffee von der gleichnamigen Insel im Südatlantik **1.17**

Stinker, -bohne:
Diese Bohnen geben einen unangenehmen, fauligen Geruch ab. Ein Stinker entsteht, wenn eine Bohne im Pulper oder im Fermentationstank vergessen wurde, die Bohne ist also überfermentiert. Gelangt nur eine dieser Bohnen in eine Röstcharge, macht sie den gesamten Kaffee ungenießbar

Strictly High-Grown:
Höchste Gradifizierung des El Salvador Kaffees

Strictly High-Grown Washed:
Höchste Gradifizierung des Haiti Kaffees

Stripping:
Erntemethode, bei der im Gegensatz zum Picking (siehe) alle Früchte von einem Pflanzenzweig (mit einem speziellen Kamm) abgestreift werden, egal ob reif, unreif oder überreif. Die Methode ist schneller und daher günstiger als das Picking **1.36**

Sukrose, engl. sucrose: **4.07**

Sulawesi, Celebes:
Single-Origin Kaffee von der Insel Sulawesi (früher Celebes) aus Indonesien, mit den beiden bekanntesten Regionen von Kalossi und Toraja

Sumatra:
Single-Origin Kaffee von der indonesischen Insel. Die besten Qualitäten kommen vom Lake Toba (Mandheling, Lintong) bzw. aus der Provinz Aceh, Region Lake Biwa (Gayo Mountain)

Supremo:
Höchste Gradifizierung des Kolumbianischen Kaffees.

Sustainability:
Bedeutet Nachhaltigkeit **4h.20**

Sustainable Coffee:
Gütesiegel; Wird immer „schwammig" bleiben und gibt dem Verbraucher keine Hilfe bzw. Garantie für einen guten (und nachhaltigen) Kaffee

Sustainable Coffeefund:
Exzellente Idee, um die Problematik am Kaffeemarkt in den Griff zu bekommen **4h.07**

Tamper:
Stempel, mit dem das Kaffeemehl im Siebträger angepresst wird. Den Vorgang selbst bezeichnet man als Tampen

Tarrazu, San Marcos de Tarrazu:
Markenname für einen sehr guten Kaffee aus Costa Rica **1.22**

Tassenform **4f.10**

Thermo Block:
System, das in Kaffeemaschinen zum Aufheizen von Wasser verwendet wird

Thévenot, Jean de:
Verhalf dem Kaffee in Frankreich zum Durchbruch **4i.12**

Tigerstreifen:
Sind für die Musterung in der Crema verantwortlich. **4g.17**

Timor:
Single-Origin Kaffee aus Ost-Timor und eine natürliche Coffea Varietät **1.04**

Tischröster: **2.26**

Torrefacto:
Spanisches Wort für geröstet. Die Röstung erfolgt unter Zuckerbeigabe und ist vor allem in Spanien sehr beliebt. Der so geröstete Kaffee wird dem konventionell gerösteten („tueste natural") zu 20–50 % beigemischt, das Ergebnis wird als „mezcla" (spanisch für Mischung) bezeichnet. Eine „mezcla 70/30" z.B. besteht aus 70 % tueste natural und 30 % café torrefacto. Diese Röstungsart soll Säure und Bitterkeit des Kaffees reduzieren

TP:
Triple Picked. Der Kaffee wurde 3x aussortiert, um Kaffeefehler (siehe) zu beseitigen

Traceability:
Verfolgbarkeit jeder Bohne; in der Praxis unmöglich **4h.21**

Trinitario:
Kakaosorte, 10–15 % Weltmarktanteil **6b.07**

Trockene Aufbereitung:
Methode zur Herstellung von Rohkaffee in Gebieten mit wenig Luftfeuchtigkeit **1.43**

Trommelröstung, -röster: **2.17**

Türkische Methode: **Kap.3/S.52**

Typica:
Arabica Varietät **1.09**

Überfermentierte Bohnen:
Haben eine tabakbraune Farbe und geben dem Kaffee einen zwiebeligen und sauren Geschmack. Sind die Bohnen sehr stark überfermentiert, kann der Kaffee nach Kuhstall oder altem Fleisch riechen

Uganda:
Ursprung des Robusta. Die besten Qualitäten kommen heute aus Bugishu (oder Bugisu siehe)

Unbehandelt:
Bedeutet natürlicher Charakter, im Gegensatz dazu werden behandelte Kaffees durch Entkoffeinieren, Entzug von Reiz- und Bitterstoffen, Vordämpfen etc. in ihrem Ursprungscharakter verändert

Undermatures:
Unreife Kaffeebohnen, die nicht aussortiert wurden. Sie geben dem Kaffee einen schweren Körper mit grasigen und grünen Aromen. Beim Rösten dunkeln sie nicht richtig und sind daher immer heller als regulär ausgereifte Kaffeebohnen. Undermatures riechen nach dem Rösten häufig nach Erdnuss und werden daher auch als „Peanuts" bezeichnet

Unwashed:
„Ungewaschenen", d.h. der Rohkaffee wurde trocken aufbereitet

Vakuummaschine; Vakuumfiltermethode: **Kap.3/S.53**

Vakuumverpackung:
Garantiert eine gute Konservierung des gemahlenen Kaffees, der unter Vakuum gesetzt und eingeschweißt wird. Haltbarkeit bis zu 18 Monate

Vaporisierter Kaffee:
Vorgedämpfter Robusta; Ein umstrittenes Verfahren, das den Rohkaffee geschmeidig bzw. überhaupt verwendbar machen soll **2.37**

Varietät:
Bezeichnung für verwandte Arten, die zu einer gemeinsamen Gattung gehören. Die Coffea Gattung besitzt circa 100 verschiedene Varietäten **1.04**

Vendingmaschine: **Kap.3/S.58**

Ventilverpackung: **2.22**

Veredelung:
Arbeit des Rösters und schließt alle Verarbeitungsschritte von der Anlieferung des Rohkaffees bis zum Verkauf des fertigen Kaffees ein

Vintage Coffee:
(siehe) Aged Coffee

Vitamine im Kaffee: **2.05**

Vollautomat: **Kap.3/S.56**

Washed Arabicas:
Nass aufbereitet. Der „washed coffee" besitzt generell mehr fruchtige, feine Säuren aufgrund der Fermentation **1.43**

Wasserbehandlung: **4c.03**

Wasserfiltration: **4c.03**

Wasserhärte:
Günstig für den Kaffee ist mittelhartes Wasser von 5-9 dH **4c.05 ff**

Weiße Bohnen:
Kaffeefehler (siehe). Die Bohnen wurden nicht richtig getrocknet oder haben nach dem Trocknen erneut Wasser aufgenommen

Weiße Schokolade: **6b.05**

Wendekanne:
Auch Neapolitaner Kanner **Kap.3/S.51**

Whisk(e)y: **6a.18 ff**

Wiener Kaffeehaus:
Ist auch heute noch eine Wiener Institution und ein Stück Tradition. Sehr bekannte Wiener Kaffeehäuser sind das Café Central, das Demel, das Café Griensteidl, das Hawelka, das Café Landtmann, das Café Sacher und das Café Sperl

Wildkaffee:
Ursprünglicher Kaffee aus dem Regenwald **1.2**

Witson Nicolaas:
Bürgermeister von Amsterdam; brachte den Kaffee nach Java **4i.19**

Worm Bitten Menados:
Luxuskaffee aus Indonesien **1.17**

Wurmstichige Kaffeebohnen:
Kaffeebohnen mit Brocabissen (siehe Broca)

Yauco, Yauco Selecto, Puerto Rico Yauco:
Topkaffee von der Karibikinsel Puerto Rico

Yemen Mattari, Yemen Mocha, Yemen:
Spitzenkaffees aus Yemen **1.17**

Yirgacheffe:
Topkaffee aus Äthiopien

Zentrifugenmaschine: **Kap.3/S.57**

Zubereitungsmethoden: **Kap.3/S.48**

Zuckerersatzstoffe: **4a.36**

Zuckerreif: **6b.15**

Zuckerrohr: **4a.01**

Zuckersirup: **4.34**

Zuckertypen: **4a.09**

Nr.	Beschreibung / Copyright ©	Seite
0	Kirschen in allen Farben / Luca Siermann	Titel
1	Proberösten / Luca Siermann	S. 2
2	Kaffee in seinen verschiedenen Formen Luca Siermann	S. 4
3	Terrassenanbau in Brasilien / Luca Siermann	S. 6
4	Kaffeebörse in Äthiopien / Luca Siermann	S. 8
5	Gelbe und grüne Kirschen / Luca Siermann	S. 9
6	Arabica Bohne / Patrick Sebening	S. 10
7	Robusta Bohne / Patrick Sebening	S. 11
8	Knospe (Foto groß) / Luca Siermann	S. 12
9	Jungsträucher zum Auspflanzen (Foto klein) Steffen Schwarz	S. 12
10	Kaffeemuster an der Börse, Äthiopien Luca Siermann	S. 13
11	Concha / Steffen Schwarz (Foto oben)	S. 14
12	Filippi Bohne / Steffen Schwarz (Foto unten)	S. 14
13	Grünkaffeeproben / Luca Siermann	S. 15
14	Jacu / Luca Siermann	S. 15
15	Jacu Kaffee / Luca Siermann	S. 16
16	Grünkaffee im Test / Luca Siermann	S. 17
17	Hafen von Santos / Steffen Schwarz	S. 18
18	Kaffeelager / Luca Siermann	S. 19
19	Kaffeekirschen / Luca Siermann (Foto 1)	S. 20
20	Soldatjes / Steffen Schwarz (Foto 2)	S. 20
21	Aussortieren von Rohkaffee / Luca Siermann	S. 21
22	Kaffeepflückerin / Luca Siermann (Foto 1)	S. 22
23	Spätlese / Steffen Schwarz (Foto 2)	S. 22
24	Schädlinge: Kaffeerost (links), Kaffeeblattbohrer (rechts) / Steffen Schwarz	S. 23
25	Nasse Aufbereitung: Floaters (schwarz) schwimmen oben und Sinkers (bunt) gehen unter / Steffen Schwarz	S. 24
26	Kaffee mit Schattenbäumen in Äthiopien Steffen Schwarz (kleines Foto)	S. 25
27	Coffie Mamas in Brasilien Luca Siermann (großes Foto)	S. 25
28	Trommelröster / Luca Siermann	S. 28
29	Proberösten / Luca Siermann	S. 29
30	Luftkühlung des Kaffees / Luca Siermann	S. 30
31	Rösten in Äthiopien / Luca Siermann	S. 31
32	Die Röstung: Vorher und Nachher Die geröstete Bohne gewinnt an Volumen beim Röstvorgang / Luca Siermann	S. 33
33	Filterung durch den Keramikfilter Gilt als besonders schonende Brühmethode walkuere.de	S. 35
34	Äthiopische Kaffeezeremonie / Luca Siermann	S. 36
35	Der Kaffee wird nach dem Rösten gekühlt Luca Siermann	S. 37
36	Mischen von Rohkaffee vor der Röstung Luca Siermann	S. 38
37	Röstmeister bei der Arbeit / Luca Siermann	S. 39
38	Kaffeeverpackungen: JURA Elektroapparate AG; CH-4626 Niederbuchsiten; Switzerland / jura.com	S. 40
39	Frisch gerösteter Kaffee / Luca Siermann	S. 40
40	Kaffeelager im Ursprungsland / Luca Siermann	S. 41
41	Rohkaffee: Verliert bei der Röstung an Gewicht Luca Siermann	S. 42
42	Proberösten der verschiedenen Proben Luca Siermann	S. 43
43	CMA „Plus 4 You" bei der Extraktion C.M.A. s.p.a.; Susegana (Treviso) Italy cmaspa.com	S. 46
44	Barista an der Siebträgermaschine / Luca Siermann	S. 47
45	Aufbrühen für das Cupping / Luca Siermann	S. 48
46	Eva Solo Brühkanne / Luca Siermann	S. 49
47	Mono Kanne / Luca Siermann	S. 49
48	Handaufguss Melitta Filtermethode Melitta, D-32425 Minden, Germany / melitta.de	S. 50
49	Bayreuther Kanne Keramikfiltermethode Erste Bayreuther Porzellanfabrik Walküre GmbH; D-95445 Bayreuth; walkuere.de	S. 50
50	Filtermaschine Papierfilter Melitta, D-32425 Minden, Germany / melitta.de	S. 51
51	Neapolitaner Kanne / Luca Siermann	S. 51
52	Mokka Zubereitung Erste Bayreuther Porzellanfabrik Walküre GmbH; D-95445 Bayreuth; walkuere.de	S. 52
53	Jenaer Glas – Perkolator / Luca Siermann	S. 53
54	Caffètiera / Luca Siermann	S. 54
55	French Press: RASTAL GmbH & Co. KG: D-56203 Höhr-Grenzhausen; rastal.de	S. 55
56	Halbautomat CMA „Plus 4 You" C.M.A. s.p.a.; Susegana (Treviso) Italy / cmaspa.com	S. 55
57	Handhebelmaschine Olympia Express SA; CH-6850 Mendrisio; Switzerland; olympia-express.ch	S. 56
58	Vollautomat Egro Egro Coffee Systems AG; CH-5443 Niederrohrdorf; Switzerland egrocoffee.com	S. 56
59	Kapselmaschine Capo del Caffè ISPco AG; CH-6343 Rotkreuz / capodelcaffe.com	S. 57
60	Softpadmaschine von Petra petra-electric GmbH; D-89331 Burgau petra-electric.com	S. 57
61	Vendingmaschine für HORECA N&W Global Vending GmbH, A-3400 Klosterneuburg; nwglobalvending.com	S. 58
62	Zucker auf Cappuccino / Luca Siermann	S. 60
63	Heller Muscovado auf Cappuccino / Luca Siermann	S. 61
64	Brauner Zucker / Robert Frankl; foto-frankl.at	S. 62
65	Demerara-Zucker in Kaffee Erste Bayreuther Porzellanfabrik Walküre GmbH; D-95445 Bayreuth; walkuere.de	S. 63
66	Zucker versinkt im Cappuccino / Luca Siermann	S. 64
67	Würfelzucker / Robert Frankl; foto-frankl.at	S. 65
68	Dunkler Muscovado / Luca Siermann	S. 66

Nr.	Beschreibung / Copyright ©	Seite
69	Kandiszucker / Robert Frankl; foto-frankl.at	S. 68
70	Zucker / Luca Siermann	S. 69
71	Kandis- und Würfelzucker Robert Frankl, foto-frankl.at	S. 70
72	Zucker im Coffeeshop / R. Frankl; foto-frankl.at	S. 71
73	‚Weiße Überdosis' / Luca Siermann	S. 72
74	Flavored Coffees / R. Frankl; foto-frankl.at	S. 73
75	Santiago Otzin Paté Künstlerbeschreibung Seite 84 / Luca Siermann	S. 76
76	Santiago Otzin Paté Künstlerbeschreibung Seite 84 Luca Siermann	S. 77
77	Santiago Otzin Paté Künstlerbeschreibung Seite 84 / Luca Siermann	S.78
78	Santiago Otzin Paté Künstlerbeschreibung Seite 84 / Luca Siermann	S. 80
79	Santiago Otzin Paté Künstlerbeschreibung Seite 84 / Luca Siermann	S. 81
80	Santiago Otzin Paté Künstlerbeschreibung Seite 84 / Luca Siermann	S. 84
81	Wasser aus dem Siebträger / Luca Siermann	S. 86
82	Wasser zum Kaffee / Luca Siermann	S. 87
83	Wasserentnahme aus der Espressomaschine Luca Siermann	S. 88
84	Wiener Wasser Klub der Wiener Kaffeehausbesitzer, kaffeesieder.at / Julia Oppermann; office@juliaoppermann.com	S. 90
85	Wiener Melange und Wasserglas Klub der Wiener Kaffeehausbesitzer, kaffeesieder.at / Julia Oppermann; office@juliaoppermann.com	S. 91
86	Gefiltertes Wasser aus dem Filterkrug Luca Siermann	S. 93
87	Gemahlener Kaffee / Luca Siermann	S. 96
88	Softpadsmaschine petra-electric GmbH; D-89331 Burgau petra-electric.com	S. 97
89	Softpad in der Maschine petra-electric GmbH; D-89331 Burgau petra-electric.com	S. 99
90	Kapseln / ISPco AG; CH-6343 Rotkreuz capodelcaffe.com	S. 100
91	Milch in Caffè-Latte-Glas / Luca Siermann	S. 102
92	„Herz-Gießen" im Cappuccino / Luca Siermann	S. 103
93	Geschäumte Milch C.M.A. s.p.a.; Susegana (Treviso) Italy cmaspa.com	S. 104
94	Latte Macchiato / Luca Siermann	S. 105
95	Milchschäumen / Luca Siermann	S. 107
96	Latte Art Zeichnen / Luca Siermann	S. 108
97	Milchschäumen: Zieh- und Rollphase Luca Siermann (Foto 1)	S. 109
98	Milchdrink / Luca Siermann (Foto 2)	S. 109
99	Umgießen der Milch, bei zwei Cappuccini / Luca Siermann	S. 110
100	Cappuccinozubereitung / Luca Siermann	S. 111
101	Latte Art Zeichnen / Luca Siermann	S. 112
102	Latte Art Zeichnen mit Werkzeug / Luca Siermann	S. 113
103	Kaffeetassen Erste Bayreuther Porzellanfabrik Walküre GmbH; D-95445 Bayreuth; walkuere.de	S. 116
104	Latte Macchiato / Luca Siermann	S. 117
105	Tassen und Becher RASTAL GmbH & Co. KG; D-56203 Höhr-Grenzhausen; rastal.com	S. 118
106	Espresso in Porzellantasse C.M.A. s.p.a.; Susegana (Treviso) Italy cmaspa.com	S. 120
107	Espressotassen / Luca Siermann	S. 121
108	Gläser RASTAL GmbH & Co. KG; D-56203 Höhr-Grenzhausen; rastal.com	S. 122
109	Kaffee im Mörser – Äthiopien / Luca Siermann	S. 124
110	Mahlen: Grind on Demand / Luca Siermann	S. 125
111	Kaffee wird im Mörser zerstampft Luca Siermann	S. 126
112	Haushaltsmühle mit Dispenser Luca Siermann; Foto 1	S. 127
113	Handmühle / Luca Siermann; Foto 2	S. 127
114	Mahlgut / Luca Siermann	S. 129
115	Haushaltsmühle Olympia Express SA; CH-6850 Mendrisio; Switzerland olympia-express.ch	S. 130
116	Haushaltsmühle petra-electric GmbH; D-89331 Burgau petra-electric.com	S. 130
117	Profimühle mit Dispenser und Ladenmühle Ozcaffè; D-41849 Wassenberg / ozcaffe.com	S. 131
118	Kaffee Grading / Luca Siermann	S. 134
119	Kaffee Ernte in Indien / swiss-scae.ch	S. 135
120	Kaffee Aussortieren / swiss-scae.ch	S. 137
121	Kaffee Aussortieren / swiss-scae.ch	S. 138
122	Kaffeelager in Brasilien / Luca Siermann	S. 139
123	Kaffee Aussortieren / swiss-scae.ch	S. 140
124	Nasse Aufbereitung / swiss-scae.ch	S. 141
125	Erntegut / swiss-scae.ch	S. 132
126	Kaffeebörse / swiss-scae.ch	S. 143
127	Pflücker geben das Erntegut ab swiss-scae.ch; Foto 1	S. 144
128	Kirschen am Stamm / swiss-scae.ch; Foto 2	S. 144
129	Pflücker beim Sackausladen / Luca Siermann	S. 146
130	Santiago Otzin Paté Künstlerbeschreibung Seite 84 / Luca Siermann	S. 148
131	Santiago Otzin Paté Künstlerbeschreibung Seite 84 / Luca Siermann	S. 149
132	Santiago Otzin Paté Künstlerbeschreibung Seite 84 / Luca Siermann	S. 150
134	Santiago Otzin Paté Künstlerbeschreibung Seite 84 / Luca Siermann	S. 152

Nr.	Beschreibung / Copyright ©	Seite
135	Santiago Otzin Paté Künstlerbeschreibung Seite 84 / Luca Siermann	S. 154
136	Grenzstein Minas Gerais / Luca Siermann0	S. 158
137	Kaffee im Netz: Kaffeezentrale Schweiz; CH-8610 Uster kaffeezentrale.ch	S. 159
138	Kaffee im Netz: KAFFEESOLO; D-79576 Weil am Rhein kaffeesolo.de	S. 161
139	Kaffee im Netz. KAFFEESOLO; D-79576 Weil am Rhein kaffeesolo.de	S. 163
140	Kaffee im Netz: Zadabra GmbH; D-28207 Bremen ichwillkaffee.de	S. 164
141	Kaffee im Netz: Kaffeezentrale Schweiz; CH-8610 Uster kaffeezentrale.ch	S. 164
142	„Brandfleck" - Nr. VII v. VIII Künstlerbeschreibung Seite 254W. Riegelsberger	S. 166
143	suSTEINability Künstlerbeschreibung Seite 254 W. Riegelsberger	S. 167
144	Kaffee auf Leinwand Künstlerbeschreibung Seite 254 ff W. Riegelsberger	S. 168
145	„Brandfleck" Nr. V von VIII Künstlerbeschreibung Seite 254 ff W. Riegelsberger	S. 170
146	„Brandfleck" VI von VIII Künstlerbeschreibung Seite 254 ff W. Riegelsberger	S. 172
147	Coffee – Stein III Künstlerbeschreibung Seite 254 ff W. Riegelsberger	S. 175
148	„Brandfleck" - Nr. VII v. VIII Künstlerbeschreibung Seite 254 ff W. Riegelsberger	S. 177
149	Coffeestein in balance Künstlerbeschreibung Seite 254 ff W. Riegelsberger	S. 178
150	'Good Spirit' / Luca Siermann	S. 180
151	Kaffee und Kaffeebrände Wolfram Ortner; world-spirits.com	S. 181
152	World Spirits Award Wolfram Ortner, world-spirits.com	S. 182
153	Espresso und Kaffeebrand Wolfram Ortner; world-spirits.com	S. 183
154	Grappa Wolfram Ortner; world-spirits.com	S. 185
155	Klare Brände Wolfram Ortner; world-spirits.com	S. 187
156	Whisk(e)y / Luca Siermann	S. 188
157	Cognac beim Verkosten Wolfram Ortner; world-spirits.com	S. 189
158	World Spirits Award Medaillen Wolfram Ortner; world-spirits.com	S. 190
159	Schokoladetrüffel Valrhona, F-26 601 TAIN L'HERMITAGE France; valrhona.com	S. 192
160	Kaffee und Schokolade R. Frankl; foto-frankl.at	S. 193
161	Pralinenproduktion Valrhona, F-26 601 TAIN L'HERMITAGE France; valrhona.com	S. 194

Nr.	Beschreibung / Copyright ©	Seite
162	Pralinen Valrhona, F-26 601 TAIN L'HERMITAGE France; valrhona.com	S. 195
163	Schokoladeherstellung Valrhona, F-26 601 TAIN L'HERMITAGE France; valrhona.com	S. 196
164	Kakaobohnen Valrhona, F-26 601 TAIN L'HERMITAGE France; valrhona.com	S. 197
165	Sensorische Bestimmung Valrhona, F-26 601 TAIN L'HERMITAGE France; valrhona.com	S. 200
166	Feine Praline Valrhona, F-26 601 TAIN L'HERMITAGE France; valrhona.com	S. 201
167	Schokolade- und Kakaogetränke R. Frankl; foto-frankl.at	S. 202
168	Schokoladeseminar Valrhona, F-26 601 TAIN L'HERMITAGE France, valrhona.com	S. 203
169	Verpackung weißer Pralinen Valrhona, F-26 601 TAIN L'HERMITAGE France; valrhona.com	S. 204
170	Espresso / Luca Siermann	S. 206
171	Kaffeehund / Luca Siermann	S. 207
172	Kaffeepause / Luca Siermann	S. 208
173	Filterkaffee aus der Karlsbader Kanne Erste Bayreuther Porzellanfabrik Walküre GmbH; D-95445 Bayreuth; walkuere.de	S. 209
174	Espresso / Luca Siermann	S. 210
175	Kaffee gemahlen und als Bohne C.M.A. s.p.a.; Susegana (Treviso) Italy cmaspa.com	S. 211
176	Mineralwasser Robert Frankl, foto-frankl.at	S. 212
177	Kinder der Schule C.M.A. s.p.a.; Susegana (Treviso) Italy cmaspa.com	S. 213
178	"Plus 4 You" C.M.A. s.p.a.; Susegana (Treviso) Italy cmaspa.com	S. 214
179	Signature Drinks hoch im Kurs / Luca Siermann	S. 216
180	Bicerin / Luca Siermann	S. 217
181	Wiener Kaffeehaus Ober Klub der Wiener Kaffeehausbesitzer, kaffeesieder.at Julia Oppermann; office@juliaoppermann.com	S. 218
182	Melange / Luca Siermann, Foto groß	S. 219
183	Sachertorte (Foto klein) Klub der Wiener Kaffeehausbesitzer, kaffeesieder.at Julia Oppermann; office@juliaoppermann.com	S. 219
184	Italienischer Espresso: Foto klein; C.M.A. s.p.a.; Susegana (Treviso) Italy cmaspa.com	S. 220
185	Barista im Einsatz: Foto groß; C.M.A. s.p.a.; Susegana (Treviso) Italy cmaspa.com	S. 220
186	Zubereitung von Kaffeespezialitäten Luca Siermann	S. 222
187	Türkischer Kaffee/ Luca Siermann	S. 223

Nr.	Beschreibung / Copyright ©	Seite
188	Café Creme Erste Bayreuther Porzellanfabrik Walküre GmbH; D-95445 Bayreuth; walkuere.de	S. 223
189	Caffè Latte / Luca Siermann	S. 224
190	Coffeeshop / Luca Siermann	S. 225
191	Fiaker / Luca Siermann	S. 226
192	Mazagran / Luca Siermann	S. 226
193	Zubereitung: Alkohol und Zucker werden unter Dampf aufgewärmt Luca Siermann	S. 227
194	Irisch Coffee / Luca Siermann	S. 227
195	Moderne Kaffeerezepte 7 Luca Siermann	S. 228
196	Kosakenkaffee / Luca Siermann	S. 229
197	Carajillo / Luca Siermann	S. 229
198	Rohkaffee Trocknen / Luca Siermann	S. 230
199	Kaffeeplantage Brasilien / Luca Siermann	S. 232
200	Frisch gerösteter Kaffee / Luca Siermann	S. 233

Wolfgang E. Riegelsberger

Beschreibung des Künstlers:

Wolfgang Riegelsberger wurde 1962 als Sohn deutscher Eltern in Lahore, Pakistan geboren. Seine frühe Kindheit verbrachte er in seinem Geburtsland, später in Ägypten und in der Türkei, um sodann im südhessischen Lampertheim die Grundschule zu besuchen. Nach dem Abitur an einem humanistischen Gymnasium studierte er Philosophie und Kunstgeschichte. Hieran schloss sich ein Betriebswirtschaftsstudium an. Wolfgang Riegelsberger leitet die von ihm vor über 20 Jahren gegründete Kommunikationsberatungsagentur „Art Consulting Agency". Besonderes Augenmerk richtet das Beratungsunternehmen auf die Themenfelder „Nachhaltigkeit und Kunst", „Wirtschaftsethik" und den Global Compact der Vereinten Nationen. In seinem künstlerischen Schaffen manifestieren sich Beobachtungen, Erfahrungen und Denkkonsequenzen seiner unternehmerischen Arbeit. „Ars Maculae" – die Kunst des Inszenierens von Kaffeeflecken – versteht sich als Bezeichnung eines ästhetischen Endausdrucks des eigenen Tuns. Riegelsberger begreift seine künstlerische Arbeit als integralen Bestandteil einer Kausalkette im Rahmen seiner unternehmerischen Beratungstätigkeit. Der Künstler Wolfgang Riegelsberger, der seine Werke in zahlreichen Ausstellungen präsentiert hat, ist Autodidakt. „An welcher Kunsthochschule schon hätte ich gelernt, kreativ mit Kaffee zu arbeiten?" merkt Riegelsberger an.
riegelsberger@a-c-a.de; G7, 24, D - 68159 Mannheim

Beschreibung der Maltechnik:

Alles nur kalter Kaffee? Riegelsbergers Bildsprache ist nicht nur eigenwillig, sondern entbehrt auch annährend jeglicher traditioneller Farbmittel. Vielmehr ist Kaffee die Basis seiner Werke und mit diesem liquiden „Stoff" rückt eine Komposition in den Vordergrund, die das Wort „Begrenzung" nicht zu kennen scheint. Bewegung, Form, Farbe, Struktur und Gestalt – Wolfgang Riegelsberger verleiht seinem Malmittel „Kaffee" eine neue Dimension und der Malgrund wird zum Träger einer stets flüssig wirkenden Momentaufnahme. Die von ihm entwickelte Technik macht es möglich, den Kaffee nicht etwa in Pinselstriche bannen zu müssen, sondern er lässt dem Kaffee sein Wesen: mit Wasser angereichert, gebrüht, ausgekocht und verdünnt, immer fließend vermeintlich unkontrollierbar und „belebend" zu sein. Riegelsberger inszeniert durch den Einsatz von Fetten ästhetische Konfrontationen mit Kaffee, der, vom Wasser getragen, angezogen oder „verstoßen" wird.

Die Bilder in FAQ Kaffee Seite 166 – 178

1.Bild: Titel: „Brandfleck" - Nr. VII v. VIII, Entstehungsjahr: September 2004
Technik: Kaffee Arabica, ausgekocht, auf Papier / Fett, Format: 24 x 17 cm

2. Bild: Titel: suSTEINability, Entstehungsjahr: Oktober 2006,
Technik: Kaffee auf Leinwand / Mischtechnik, Format: 140 x 110 cm

3. Bild: Bildausschnitt, Kaffee auf Leinwand / Mischtechnik

4. Bild: Titel „Brandfleck" Nr. V von VIII, Entstehungsjahr: September 2004
Technik: Kaffee Arabica, ausgekocht auf Papier / Fett, Format: 24 x 17 cm

5. Bild: Titel: „Brandfleck" VI von VIII, Entstehugsjahr: September 2004
Technik: Kaffee Arabica, ausgekocht auf Papier / Fett, Format: 24 x 17 cm

6. Bild: Titel: Coffee – Stein III, Entstehungsjahr: März 2007
Technik: Kaffeepulver auf Leinwand / Mischtechnik, Format: 60 x 50 cm

7. Bild: wie 1. Bild

8. Bild: Titel: Coffeestein in balance, Entstehungsjahr: September 2006
Technik: Kaffee (Arabica ausgekocht / Instant-Kaffee), Fett, Mörtel, Format: 120 x 160 cm

Buch-Hinweise/Impressum

Titel:
„FAQ Kaffee" – Fragen, Antworten, Quintessenzen

Autoren:
Dr. Steffen Schwarz / Mannheim / Deutschland;
Martin Kienreich, Graz / Österreich (Autoreninformation siehe Rückseite)

Auflage:
Erstauflage 12.500 Stück

Erscheinungstermin: 01.12.2008

Verlag:
©2008 coffee media & event; D-68163 Mannheim
Fabrikstationsstraße 45-49; „Tel.-24/7": +49 (0)160 57 37 075

Email: info@faq-kaffee.com

Website: www.faq-kaffee.com

Bestellung:
ISBN: 978-3-200-01318-6

Einband: Gebunden

Preisinfo:
19,90 EUR [D] / 19,90 EUR [A] / 34,90 SFR [CH]

Seiten/Umfang:
256 S., 4fbg. / 200 Abb. - 23,00 x 13,00 cm

Gewicht: 500 g

Mitarbeit und Redaktion:

Konzept und Text: Martin Kienreich

Layout, Grafische Konzeption und Satz: Kendlbacher Grafik/Graz

Foto: Luca Siermann Bildautor (siehe Fotohinweise)

Lektorat: Nina Ertl, Thekla Schenk

Anzeigenmarketing: Coffea Trading & Consulting Graz

Druck: Klampfer Weiz (klampfer-druck.at)

Über den Bildautor:

LUCA SIERMANN
Ist freier Fotograf in Stuttgart. Neben der Arbeit für internationale Kunden in Industrie, Handel und Dienstleistung gehört seine Leidenschaft den Themen rund um Essen, Trinken bzw. dem Kaffee, in all seinen Facetten. Reiseprojekte, Ausstellungen und Publikationen sind das Ergebnis dieser Arbeit (www.fotodesign-siermann.de).

Über die grafische Umsetzung:

CHRISTIAN KENDLBACHER
Ist selbständiger Grafiker seit 2000 in Graz. Der gebürtige Steirer mit Hang zum Perfektionismus hatte immer schon eine Affinität zu Genuss und Lebensmittel, eine Symbiose, die ihn u.a. Kunden wie Erzherzog Johann Wein „bescherte". Schwerpunkt seiner Arbeiten ist neben der Grafik das klassische Corporate Design, als auch das Produktdesign. (ch.kendlbacher@freecomm.at)

Assistenz für die einzelnen Kapitel:

Rösten:
Ulrike Ohler (Mitverfasser); ARISTA Weinhandel & Rösterei, D-41065 Mönchengladbach
email: UlrikeOhler@olivenoel-abo.de

Firma Neuhaus Neotec (neuhaus-neotec.de)
Firma Ozcaffe (ozcaffe.com)

Zucker:
Lars Bo Jørgensen (danisco.com)

Reinigung:
Martin Zollinger (awimac.ch)

Kaffee im World Wide Web:
Armin Luginbühel (kaffeezentrale.ch)

Labels & Fair Trade:
Walter Zwald (coffeeconsulting.ch)

Tassen:
Firma Rastal (rastal.com)

Kaffeepersönlichkeiten:
Mag. Katja Sindemann (sindemann@aon.at)

Schokolade:
Peter Gärtner (cacao.de)

Spirituosen:
Wolfram Ortner (world-spirits.com)

Wir bedanken uns bei allen, die uns bei diesem aufwendigen Werk unterstützt haben, insbesondere bei:

• Sandra Schwarz (coffee-store.de) • Patrick Sebening (Grafiken) • Ben Windhoven (koffiecentrale.nl) • Reiber & Reimer OEG (Musterbücher) • Thekla Schenk (Korrektur) • Julia Bohley („der gute Geist") • Heinrich Achatz (hein-richs.de) • Martin Zollinger (awimac.ch) • Prof. Thomas Baumann/Uni Zürich, (villacoffea.ch) • BASF Ludwigshafen • brita.net • Fazendasdutra.com.br • O.Ü. Sertman • Swiss.SCAE

Bestellhinweise:
ISBN: 978-3-200-01318-6

info@faq-kaffee.com
www.faq-kaffee.com